Prik of pleister?

© 2005 STANDAARD UITGEVERIJ nv - Antwerp, Belgium. All rights reserved.
Korean edition © 2022 by Sansuya
Translation rights arranged through STANDAARD UITGEVERIJ nv - Antwerp, Belgium
and EntersKorea Co., Ltd., Seoul, Korea.

이 책의 한국어판 저작권은 (주)엔터스코리아(EntersKorea Co. Ltd.)를 통한
저작권사와의 독점 계약으로 산수야가 소유합니다.
저작권법에 의하여 한국 내에서 보호를 받는 저작물이므로 무단전재와 무단복제를 금합니다.

어린이를 위한 의학 지식 사전
주사기와 반창고

어린이를 위한 의학 지식 사전
주사기와 반창고

초판 1쇄 발행 2010년 2월 5일
개정 1쇄 발행 2022년 10월 20일

지은이 메이커 보르더만
그린이 벤저민 르로이
옮긴이 정신재
감 수 김지은
발행인 권윤삼
발행처 도서출판 산수야

등록번호 제2002-000278호
주 소 서울시 마포구 월드컵로165-4
전 화 02-332-9655
팩 스 02-335-0674

ISBN 978-89-8097-574-7 73510

값은 뒤표지에 있습니다. 잘못된 책은 바꿔드립니다.

www.sansuyabooks.com
sansuyabooks@gmail.com
도서출판 산수야는 독자 여러분의 의견에 항상 귀 기울입니다.

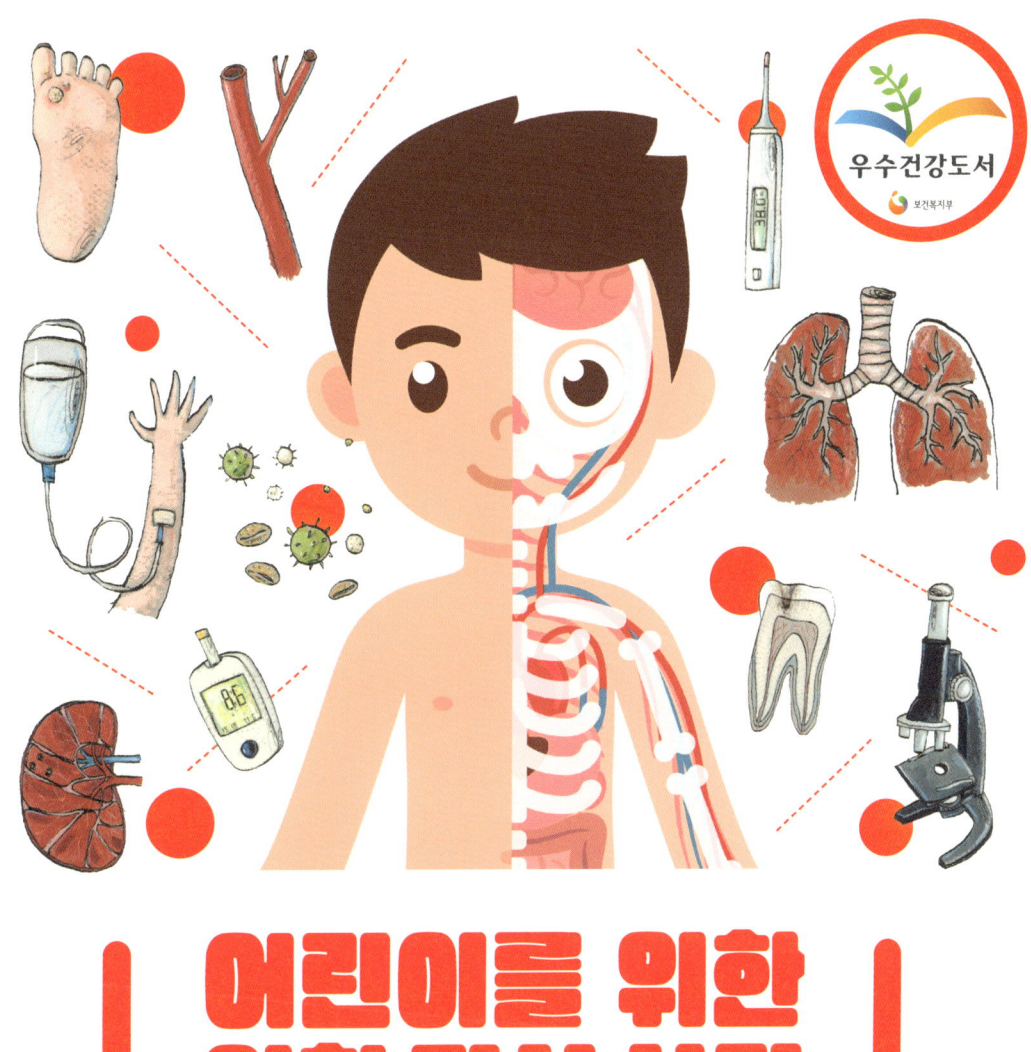

어린이를 위한 의학 지식 사전
증상기와 반창고

메이커 보르더만 글 | 벤저민 르로이 그림 | 정신재 옮김 | 김지은 감수

산수야

우리 몸을 건강하게 지키는 법

옮긴이의 말

사람들은 옛날부터 수많은 질병에 시달려 왔어요. 그중에는 생명을 위협하는 무서운 병들도 아주 많았답니다. 왜 병에 걸리는지, 어떻게 하면 치료할 수 있는지를 몰라 막연히 겁을 먹기도 했지요. 하지만 지금은 의학이 매우 발달하여 병의 원인을 아는 것은 물론, 백신만으로 병을 간단히 예방할 수도 있게 되었어요. 병에 걸려도 더 이상 겁을 먹지 않고 침착하게 치료할 수 있게 되었지요.

우리 몸을 찾아오는 질병은 전혀 반가운 손님이 아니에요. 그럼에도 면역력이 약한 어린이들은 어른보다 훨씬 더 많은 질병에 노출되어 있고, 자라면서 크고 작은 질병으로 병원을 찾는 일이 많답니다. 갑자기 고열이 날 때, 구토를 할 때, 코피가 날 때 우리 몸에 일어나는 여러 가지 변화 때문에 당황할 때가 많았지요? 열만 나도, 피만 조금 나도 겁을 집어먹고 울음을 터뜨리는 친구도 있어요. 그렇지만 여러 가지 질병에 대한 원인과 증세, 치료 방법에 대해 아주 조금이라도 알고 있다면 훨씬 의젓하게 대처할 수 있지 않을까요?

병원에 가면 의사 선생님이 '세균'이나 '백신', '감염' 같은 어려운 단어를 사용해서 부모님께 무슨 뜻인지 되물을 때가 많았지요? 이런 어려운 단어들은 알아듣기 어렵지

만 한편으로 우리의 호기심을 자극하는 요소이기도 해요. 또 아플 때 우리 몸에 무슨 일이 일어나는지, 병에는 어떤 종류들이 있는지, 어떻게 하면 빨리 낫는지도 무척 궁금해요.

『주사기와 반창고』는 어린이를 위한 건강 의학 지식을 담고 있어요. 소아과 의사 메이커 보르더만이 오랜 경험을 토대로 하여 쓴 이 책은 우리 어린이들뿐만 아니라 어른들이 보기에도 유용한 의학 지식들이 잘 정리되어 있답니다. 이해하기 어려운 단어나 지루한 용어들도 아이들의 눈높이로 알기 쉽게 풀어썼어요. 그뿐인가요? 페이지마다 펼쳐지는 삽화로 각각의 질병에 대해 더 빨리 이해할 수 있답니다.

이 책에서는 우리가 태어나서 자라는 동안 걸릴 수 있는 수십 가지 질병들을 소개하고 있어요. 질병과 관련된 여러 가지 몸속 기관에 대해서도 자세히 알려 주고 있지요. 건강한 상태일 때 몸속 기관들은 어떻게 움직이는지, 또 아플 때는 무슨 일이 일어나는지 연관 지어 설명해 주고 있기 때문에 쉽게 이해할 수 있답니다.

요즘에는 인터넷이 발달해 궁금한 게 있으면 그때그때 인터넷으로 찾는 일이 많아요. 하지만 정확하지 않은 자료도 많고, 빈약한 정보를 뒤지다 시간만 허비할 때가 많지요? 이럴 때는 정확하고 쉽게 정리된 백과사전을 들여다보는 게 훨씬 유익해요. 특히 우리의 소중한 몸과 관련된 내용이라면 더욱 정확하게 알고 있는 게 좋겠죠?

책을 번역하면서 저도 많은 상식들을 배울 수 있어 즐거웠어요. 그리고 아이들에게 이보다 유용한 책이 있을까 생각했지요. 책을 읽으면서 어린이 여러분도 건강의 소중함을 깨닫고, 건강한 몸을 지키기 위해 항상 좋은 습관을 기르길 바랍니다.

정신재

차례
CONTENTS

옮긴이의 말 4

몸이 아프면 어떤 증상이 있을까요?

따끔따끔 아파요 **통증** 10
몸이 뜨거워요 **열** 12
바이러스와 싸워요 **혈액** 14
우리 몸의 불청객 **바이러스와 박테리아** 17
고름이 생겼어요 **염증** 19
건강을 위협하는 작은 생물들 **곰팡이와 기생충** 20
우리 몸의 파수꾼 **면역계** 22
치료를 도와요 **약** 26

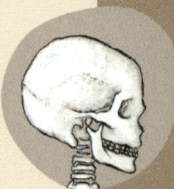

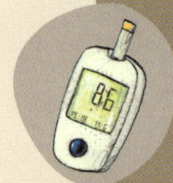

질병에 대해 알아볼까요?

가만히 좀 앉아 있으렴 **ADHD** 32
생명을 위협하는 바이러스 **에이즈** 34
몸이 너무 예민해요 **알레르기** 36
숨쉬기가 힘들어요 **천식** 38
오줌싸개 **야뇨** 42
오른쪽 배가 아파요 **충수염** 44
코에서 피가 나요 **코피** 46
상처로 들어오는 세균 **패혈증** 48
볼이 통통 부었어요 **볼거리** 50
뼈가 부러졌어요 **골절** 52
먹은 것을 토해요 **구토** 54
목이 아파요 **기관지염** 56

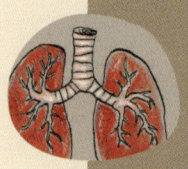

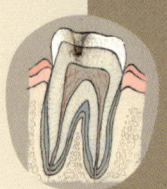

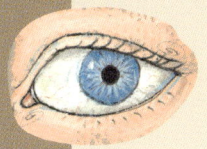

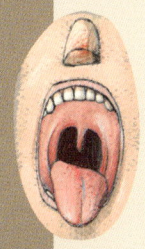

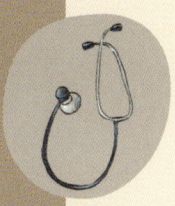

배가 살살 아파요 **변비와 설사** 58

글자를 못 읽어요 **난독증** 64

피부가 가려워요 **아토피 피부염** 66

살 때문에 힘들어요 **비만과 저체중** 68

겨울에 찾아오는 바이러스 **독감** 70

키다리와 난쟁이 **큰 키와 작은 키** 72

피가 멈추지 않아요 **혈우병** 74

쿵, 머리를 다쳤어요 **뇌진탕** 76

뇌에 염증이 생긴다고요? **수막염** 78

콜록콜록, 기침이 나와요 **기침** 80

꽃가루가 싫어요 **꽃가루 알레르기** 82

건강한 세포를 해쳐요 **암** 84

편도가 부었어요 **편도염** 88

100일 동안 앓아요 **백일해** 90

넘어져서 멍이 생겼어요 **타박상** 92

피가 아프다고요? **백혈병** 94

장기가 제자리를 벗어났어요 **탈장** 96

폐에 염증이 생겼어요 **폐렴** 98

바이러스로 옮겨 다녀요 **홍역** 100

속이 메스꺼워요 **구역질** 102

끈적끈적한 점막이 생겨요 **낭포성 섬유증** 104

피부가 붓고 울긋불긋해요 **두드러기** 106

귓속이 아파요 **중이염** 108

근육이 마비되는 병 **소아마비** 110

차만 타면 속이 울렁울렁 **멀미** 112

림프샘이 부었어요 **풍진** 114

혀가 딸기처럼 변했어요 **성홍열** 116

코가 답답해요 **축농증** 118

핏속에 당분이 많아요 **당뇨병** 120

이가 아파요 **충치** 124

온몸이 아파요 **결핵** 126

크헝크헝 물개 울음소리가 나요 **후두염** 128

콧물이 자꾸 흘러요 **코감기** 130

발목을 삐었다고요? **염좌** 132
몸에 붉은 점이 생겼어요 **홍반** 134
바람을 타고 날아다녀요 **수두** 136
뿡뿡, 소리가 나요 **방귀** 138
온몸에 장미꽃이 피었어요 **돌발진** 140
앗, 뜨거워! **화상** 142

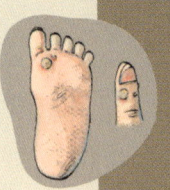

마음이 아플 땐 어떻게 하죠?

마음이 아파요 | 146
겁이 날 때 | 149
우울증이 있을 때 | 150
잠을 편히 못 잘 때 | 152

간단한 응급처치와 안전사고 대처법

미리미리 준비해요 | 158
다양한 안전사고 대처법 | 160
· 화상을 입었을 때
· 딸꾹질을 할 때
· 귀나 코가 막혔을 때
· 눈에 이물질이 들어갔을 때
· 손을 찧었을 때
· 살이 파였을 때
· 잘못 삼켰을 때
· 칼에 베었을 때
· 독에 중독되었을 때

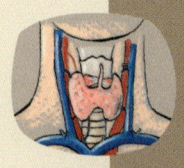

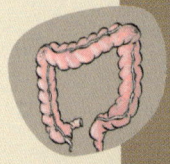

한눈에 보는 우리의 몸

우리 몸의 기관 | 166
우리 몸의 뼈 | 167
몸속 그림을 그려 봐요 | 168

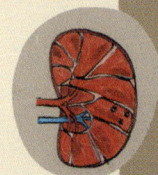

몸이 아프면 어떤 증상이 있을까요?

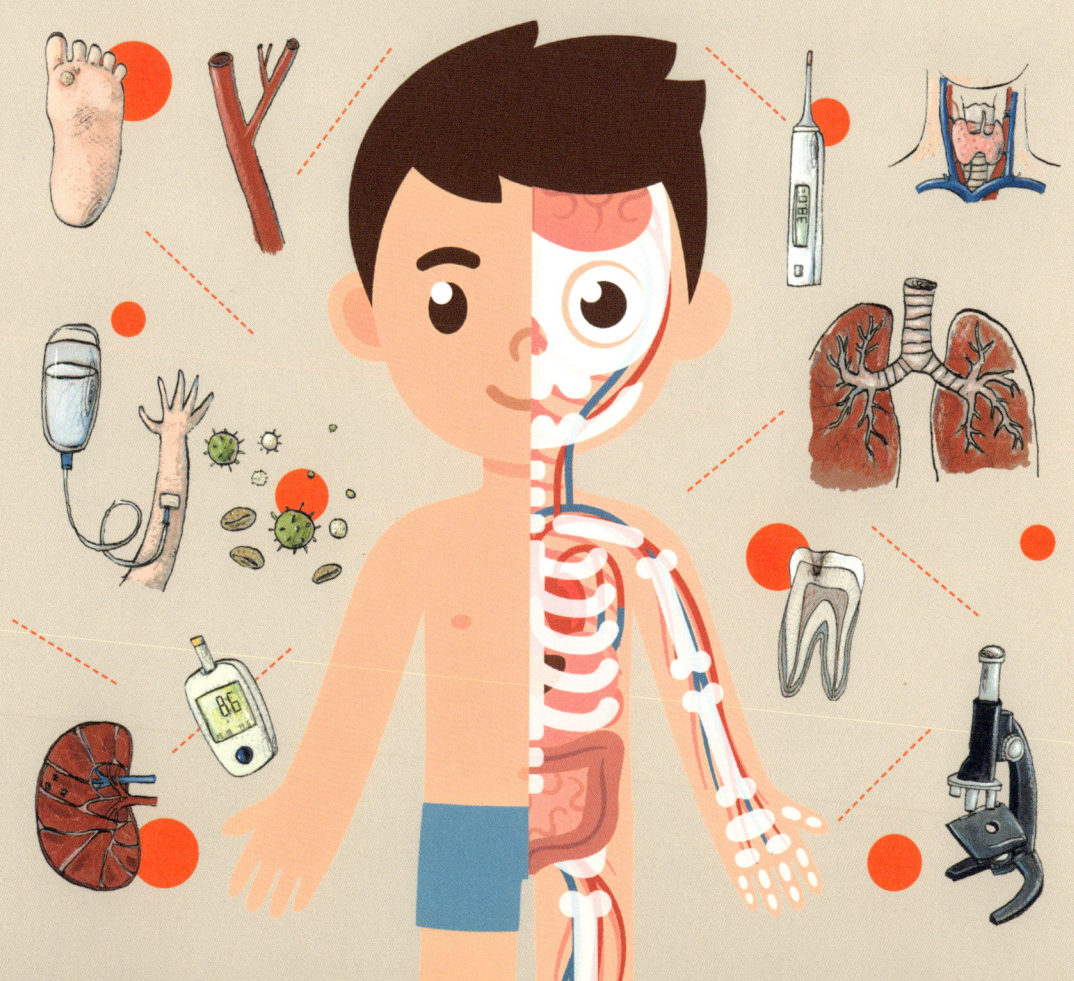

 따끔따끔 아파요 통증

누구나 가끔씩 아플 때가 있어요. 아프다는 건 좋은 일이 아니지만 한편으로는 아주 중요하답니다. **통증**을 느낌으로써 우리 몸의 어딘가가 잘못되었다는 걸 알아차릴 수 있으니까요. 예를 들어 목욕탕에서 뜨거운 물을 만졌을 때 어떤 반응을 보이나요? 손이 닿자마자 통증을 느끼고 후다닥 손을 떼지요? 하마터면 화상을 입을 뻔했는데, 통증이 미리 경고를 해서 막아 준 거예요.

우리 몸이 통증을 느끼는 시스템은 마치 전화 연결 시스템 같아요. 온몸으로 뻗어 있는 **신경세포**들은 중간 중간에 있는 **기지국**들을 통해 서로 연결되어 있어요. 기지국들은 뇌와 연결되어 있고요. 즉, 몸의 어느 한쪽에 이상이 생기면 가장 가까운 신경에 신호가 전달되고, 그 신호가 **척수**를 타고 뇌로 전달되지요.

통증을 느끼는 과정을 한번 살펴볼까요? 예를 들어

통증 몹시 아픈 증세.
신경세포 몸과 뇌 사이를 연결하여 필요한 정보를 전달하는 세포로 끈처럼 연결되어 있다.
기지국 전파를 주고받는 기능을 하는 작은 통신 기관.
척수 신경 시스템의 일부분. 외부에서 들어온 자극을 뇌로 전달한다.

무언가에 맞거나 부딪혔을 때를 생각해 봐요. 피부 속에 있는 혈관들이 터지고 퍼렇게 멍이 들 거예요. 칼이나 가위 등에 베었을 때도 찢어진 피부 사이로 피가 배어 나오지요? 그러면 신경세포들이 뇌에 경고를 보내요.

"이봐, 여기 아픈 곳이 생겼어!"

이 과정은 우리가 미처 다쳤다는 것을 느끼기도 전에 이루어진답니다. 신경세포에서 보내는 신호는 우리가 생각하는 것보다 훨씬 빠르게 전달되거든요. 그리고 나서 우리는 통증을 느껴요.

통증은 종류가 무척 다양해요. 아주 약한 통증, 콕콕 쑤시는 듯한 날카로운 통증, 계속 이어지는 통증, 끊어졌다 이어졌다 반복되는 통증. 때로는 아주 지독한 통증을 느낄 때도 있어요. 무언가를 잘못 먹었을 때 느끼는 **복통**처럼 말이에요. 근육에 이상이 생겨 통증을 느끼기도 해요. 무거운 것을 오래 들고 있으면 근육통이 생기잖아요. 때로는 **심리적**인 이유로 통증이 생겨요. 두려움이나 불안 등으로 신경을 많이 쓰면 몸 여기저기가 아플 수 있어요.

대부분의 통증은 우리 몸이 스스로 다스리고 이겨 낼 수 있어요. 깊이 잠을 자거나 한동안 편히 쉬면 통증이 사라지잖아요. 그래도 통증이 있을 때는 의사 선생님에게 진료를 받아야 해요. 의사 선생님의 처방대로 약을 먹거나 치료를 잘 따르면 통증을 더 빨리 없앨 수 있답니다.

복통 배 부분에 일어나는 통증.
심리적 마음의 작용과 의식 상태에 관한 것.
처방 의사가 병을 낫게 하기 위해 약이나 치료를 하도록 작성하는 지침.

 몸이 뜨거워요 열

몸이 아프지 않으려면 늘 적당한 체온을 유지해야 해요. 그래야 심장이 일정하게 뛰고, 혈액이 온몸을 편안하게 돌고, 폐가 숨을 잘 들이마실 수 있답니다. 체온은 뇌의 지배를 받고, 항상 일정한 온도를 유지해요. 우리 몸의 정상 체온은 약 36도에서 37도 사이랍니다.

열이 난다는 건 정상 체온보다 몸이 더 뜨겁다는 거예요. 체온이 41도까지 올라가는 경우도 있어요. 이렇게 열이 나면 우리 몸은 **에너지**를 지나치게 많이 태우기 때문에 몸속에 있는 **장기**에도 좋지 않은 영향을 끼쳐요. 따라서 우리 몸이 건강하려면 정상 체온을 유지하는 게 무엇보다 중요하답니다.

그렇다면 열은 왜 나는 걸까요? 몸에 상처를 입거나 세균이 침투하면 몸속의 **발열 물질**이 반응하면서 뇌에 신호를 보내요. 그러면 우리 몸은 세균과 싸우기 위해 오븐처럼 뜨겁게 달아오르지요. 열이 나면 몸에도 많은 변화가 일어나요. 심장 박동이 빨라지고 호흡도 가빠져요. 이렇게 한순간에 많은 에너지를 쓰면 몸이 금방 피곤해지지요.

체온은 빨리 달리거나 자전거를 타거나 음식을 빨리 먹을 때도 조금씩 오르내려요. 하지만 이 정도 변화는 크게 위험하지 않아요.

에너지 인간이 활동하는 근원이 되는 힘.
장기 몸속에서 특정한 임무를 맡아하는 기관들. 예를 들면 폐, 콩팥, 심장 등이 있다.
발열 물질 열이 나게 하는 물질.

체온을 재려면 **체온계**가 필요해요. 여러 가지 체온계로 겨드랑이나 입속, 이마, 항문 등의 체온을 잴 수가 있어요. 열이 오를 때는 잘 쉬는 것도 중요하지만, 물이나 과일, 차 등을 먹어 수분을 충분히 섭취하는 것도 좋아요. 땀을 많이 흘리면 우리 몸에 필요한 수분이 다 빠져나가니까요.

옛날 사람들은 열이 나면 땀을 많이 내서 열을 없애야 한다고 생각했어요. 그래서 무조건 두꺼운 이불을 덮게 했지요. 하지만 요즘은 의학이 발달해서 열을 내리는 방법이 다양해졌어요. 냉찜질을 하거나 찬물 욕조에 몸을 담가 열을 내리기도 하지요. 때로는 **약**을 먹을 때도 있어요.

열을 내리는 방법

찬물에 식초를 조금 탄 뒤 수건 두 장을 담가 푹 적셔요. 수건을 살짝 짜서 다리에 감은 뒤, 양말을 신고 편히 쉬세요. 시간이 좀 지나면 열이 내려갈 거예요. 경우에 따라 미지근한 물에 몸을 담그는 것도 좋아요.

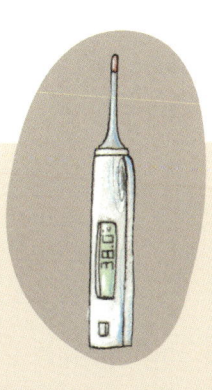

체온계 몸의 온도를 재는 기계.
약 병이나 상처를 고치거나 예방하기 위하여 먹거나 바르거나 주사하는 물질.

바이러스와 싸워요 혈액

우리 몸에는 피가 지나다니는 길이 따로 있어요. 바로 혈관이지요. 혈관에는 대동맥처럼 굵은 혈관도 있고, 실처럼 가느다란 **모세혈관**도 있어요.

혈관은 크게 **동맥**과 **정맥** 두 종류로 나뉘어요. 동맥은 심장의 펌프질을 받아 혈액을 온몸으로 이동시키는 혈관이에요. 이때 심장에서 동맥을 통해 혈액을 밀어내는 힘을 혈압이라고 하지요. 동맥을 지나는 혈액은 폐로 들어온 **산소**를 온몸으로 운반하는 일도 해요. 반대로 정맥은 혈액이 온몸을 돌고 다시 심장으로 돌아가는 길이에요. 정맥을 통해 혈액이 심장으로 돌아오면 심장은 다시 펌프질을 해서 혈액을 동맥으로 내보낸답니다. 심장에 손을 대 보세요. 콩닥콩닥 뛰지요? 이건 심장이 펌프질을 열심히 하고 있다는 증거예요.

혈액은 눈으로 보면 붉은색이지만 온통 붉은색 세포만 있는 건 아니에요. 붉은색을 내는 적혈구 외에도 백혈구와 혈소판이 있어요. 적혈구는 매우 중요하답니다. 몸속에 있는 기관들이 숨을 쉴 수 있도록 산소를 온몸으로 운반하거든요.

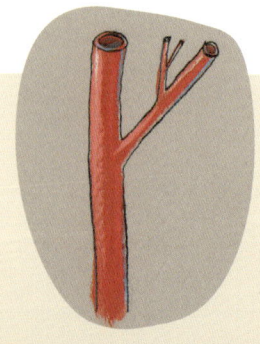

모세혈관 동맥과 정맥을 연결하는 그물 모양의 매우 가는 혈관.
동맥 심장에서 나오는 혈액이 흐르는 혈관.
정맥 심장으로 다시 돌아가는 혈액이 흐르는 혈관.
산소 공기 중에 있는 기체 중 하나. 맛과 빛깔과 냄새가 없고, 사람의 호흡과 동식 혈액이 하는 일은 아주 많아요.

첫째, 영양분을 운반해요.

둘째, 택시 운전사처럼 혈관을 타고 다니며 온몸에 산소를 전달해요.

셋째, 몸속 이곳저곳에서 산소를 태우고 찌꺼기를 내보내면 그것들을 모아 다시 가져와요. 산소 찌꺼기는 이산화탄소로 바뀌어 몸 밖으로 빠져나간답니다.

넷째, 정상 체온을 유지하기 위해 길을 넓혔다 좁혔다 해요. 예를 들어 추운 날에는 혈액 순환이 잘 되어 체온이 올라가도록 길을 더 넓히지요.

다섯째, 초대받지 않은 손님이 몸에 들어오면 달려나가 맞서 싸워요. **백혈구**는 특히 박테리아(세균)와 같은 **병원체**가 쳐들어오면 가장 열심히 맞서 싸워요. 백혈구가 병원체와 싸우는 동안 우리는 몸에 이상이 생겼다는 걸 알 수 있어요. 갑자기 열이 오르고 몸이 피곤해지기 때문이지요.

여섯째, 날카로운 물건에 베이면 혈소판이 상처 부위의 피를 굳게 해서 상처를 더 빨리 낫게 해요.

혈액 세포는 뼈 속에 있는 골수에서 만들어지고, 오래되어 못 쓰게 된 혈액 세포는 비장(지라)에서 파괴가 된답니다.

물의 생활에 없어서는 안 되는 중요한 기체.
백혈구 혈액과 조직에서 이물질을 잡아먹거나 항체를 형성함으로써 감염에 저항하여 신체를 보호하는 면역 작용을 한다.
병원체 감염증을 일으키는 생물. 세균, 바이러스, 곰팡이, 기생충 등이 있다.

혈액 안에 유전자가 들어 있다고요?

아기들은 엄마와 아빠에게서 여러 가지 특징들을 물려받아요. 아빠의 곱슬머리나 엄마의 쌍꺼풀 등 엄마 아빠와 닮은 특징들이 골고루 나타나지요. 이런 가족 고유의 특징이 전달되는 것을 '유전'이라 하고, 이 특징을 담은 유전 정보를 전달하는 단위를 '유전자'라고 해요. 그런데 질병도 유전이 되는 경우가 드물게 있어요. 딱히 몸이 약하지도 않은데 부모와 같은 질병에 걸리는 경우가 있지요? 아이가 엄마나 아빠에게서 건강한 유전자만을 물려받으면 좋겠지만, 간혹 질병 유전자를 물려받는 경우도 있어요.

현미경 아주 작은 물체를 크게 확대해서 볼 수 있는 도구. 맨눈으로는 볼 수 없는 것을 현미경으로는 볼 수 있다.

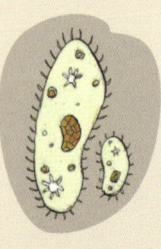

단세포 동물 아메바, 짚신벌레처럼 몸이 하나의 세포로 이루어진 동물.

우리 몸의 불청객
바이러스와 박테리아

병을 퍼뜨리는 박테리아

현미경으로는 더러운 물속에 사는 **단세포 동물**이나 혈액 속에 있는 **세포** 같은 아주 작은 것들을 볼 수 있어요. 의사 선생님들도 현미경을 이용해서 우리 몸에 병을 퍼뜨리는 박테리아를 찾아요.

박테리아는 어디에든 있어요. 풀이나 나무, 동물 그리고 사람 몸에도 살지요. 박테리아는 하나의 세포로 이루어져 있고, 그 수와 종류가 셀 수 없이 많아요. 물론 박테리아가 다 나쁜 건 아니에요. 사람의 장속에 살면서 도움을 주는 박테리아도 있으니까요. 하지만 대부분의 박테리아는 병을 일으키는 원인이 된답니다. 예를 들면 기관지염이나 파상풍, 폐렴, 수막염 등을 일으켜요. 그리고 설사도요!

 **박테리아(세균)** 하나의 세포로 이루어진 매우 작은 생명체. 다른 생물에 침입하여 병을 일으키거나 발효나 부패 작용을 한다.

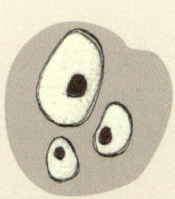 **세포** 생명체를 구성하는 가장 작은 단위로, 각자 여러 가지 임무를 수행하고 있다.

17

여기저기 옮겨 다니는 바이러스

우리 몸에 들어온 **바이러스**는 반갑지 않은 손님이에요. 이 바이러스는 몸속에 숨어 있다가 다른 사람과 접촉하면 그쪽으로 재빨리 옮겨 가기도 해요. 물론 여러분의 몸속으로 들어갈 수도 있지요.

바이러스가 들어온다고 해서 곧바로 병에 걸리는 건 아니에요. 바이러스는 처음 몸속에 들어올 때 조용히 자리를 잡아요. 그리고 어느 정도 시간이 지나면 서서히 자신의 일을 시작한답니다. 바이러스는 감기, 독감, 볼거리, 홍역, 수두, 풍진, 설사, **종기** 등 수많은 병을 일으키는 원인이에요.

우리 몸은 바이러스가 침투하면 '**항체**'라는 특별한 무기를 만들고 그 바이러스를 기억해 둔답니다. 그래서 다음에 똑같은 바이러스가 들어오면 항체를 보내 바이러스와 싸우도록 하지요. 몸이 안 좋을 때는 약을 먹어야 해요. 하지만 대부분의 경우는 약이 필요하지 않아요. 우리 몸에는 스스로 질병과 싸워 이길 수 있는 힘이 있거든요.

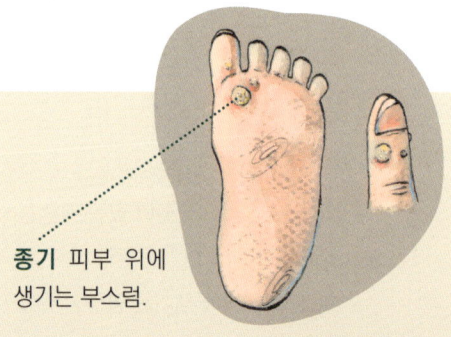

바이러스 라틴어로 '독'이라는 단어에서 유래했다. 우리 몸속에 살면서 수많은 병을 일으키는 원인이 된다.

항체 세균이나 바이러스 등의 병원체에 감염됐을 때, 이에 대항하여 우리 몸을 지켜 주는 물질.

종기 피부 위에 생기는 부스럼.

 고름이 생겼어요 염증

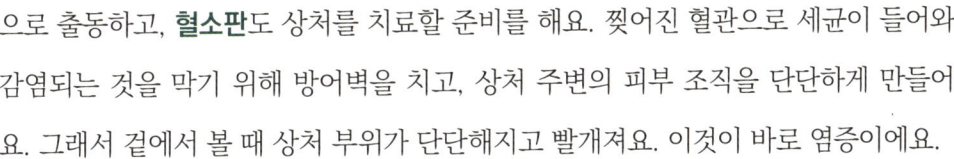

몸에 빨간 물집이 생기면서 달아오르거나 통증이 느껴지면 **염증**이 생긴 거예요. 예를 들어서 손가락을 베면 피부에 있는 많은 세포가 죽거나 손상돼요. 이때 우리 몸은 상처를 치료하기 위해 곧바로 일을 시작한답니다. 백혈구는 당장 상처가 난 곳으로 출동하고, **혈소판**도 상처를 치료할 준비를 해요. 찢어진 혈관으로 세균이 들어와 감염되는 것을 막기 위해 방어벽을 치고, 상처 주변의 피부 조직을 단단하게 만들어요. 그래서 겉에서 볼 때 상처 부위가 단단해지고 빨개져요. 이것이 바로 염증이에요.

몸 깊숙한 장기에서 염증이 생길 수도 있어요. **식도염**이나 **위염**처럼 말이에요. 이런 곳에 생기는 염증은 눈으로는 볼 수 없지만 통증으로 알아차릴 수 있어요.

박테리아나 바이러스 등이 염증을 일으킬 수 있는데 우리는 이걸 감염이라고 불러요. 감염에 대항하기 위해 우리는 약을 먹지요. 항생제는 박테리아를, 항바이러스제는 바이러스를 물리치고 죽이는 역할을 해요.

염증 생체 조직이 손상을 입었을 때에 체내에서 일어나는 방어적 반응.
혈소판 혈액 속에 들어 있는 성분 중의 하나.
식도염 식도에 생기는 염증.
위염 위 점막에 생기는 염증성 질환을 통틀어 이르는 말.

건강을 위협하는 작은 생물들
곰팡이와 기생충

몸속에서 자라는 곰팡이

숲이나 정원의 축축한 땅에서 주로 볼 수 있는 버섯은 곰팡이의 일종이에요. 빵을 만들 때 쓰는 **효모**도 곰팡이의 일종이지요. 사람 몸에 붙어사는 곰팡이도 있어요. 이들은 우리의 건강을 위협하는 존재랍니다. 예를 들면 **무좀** 곰팡이가 있어요. 사람이 많은 수영장을 맨발로 돌아다니다 보면 무좀 곰팡이에 옮을 수 있어요. 수영장 바닥에 무좀 곰팡이가 붙어 있다가 사람이 지나갈 때 얼른 옮겨 붙는 것이지요. 무좀이 생기면 발가락이 간지러워서 참을 수가 없어요. 손가락이나 발가락 끝, 두피 등은 곰팡이가 좋아하는 곳이에요.

곰팡이들은 입안이나 **식도**, 위장 같은 우리 몸 깊숙한 곳에도 자리를 잡아요. 사람이 병에 걸려 면역력이 떨어지면 이 곰팡이들이 점점 자라서 몸을 더 아프게 하지요. 반대로 **페니실린**처럼 이로운 물질을 만드는 곰팡이도 있어요.

 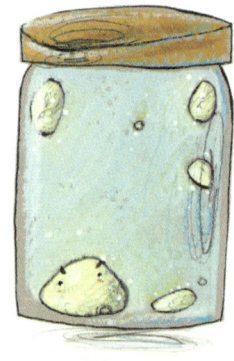 

효모 발효와 부풀리기에 이용하며 주로 빵이나 맥주를 만드는 데 많이 쓴다.
무좀 곰팡이균에 의해 발에 발생하는 피부병.
식도 입으로 섭취한 음식물을 위로 보내는 통로 역할을 하는 신체기관.
페니실린 푸른곰팡이를 키워 만든 항생제. 몸속에 있는 세균의 세포벽 합성을 방해하여 세균을 죽인다.

영양분을 빼앗아 먹는 기생 동물

기생 동물은 다른 동물들의 몸에 붙어살면서 필요한 영양분을 빼앗아 먹는 작은 동물이에요. 사람이나 동물의 머리카락과 털 속에 사는 **이**도 기생 동물이에요. 이들은 여기저기 살기 좋은 곳으로 옮겨 다니고, 알을 낳아요. 특히 어린이의 머리카락 속은 습기도 충분하고 따뜻해서 이가 아주 좋아하지요.

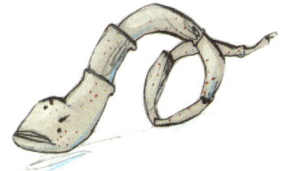

기생 동물 중에는 몸속에 사는 **기생충**도 있어요. 기생충은 종류가 다양해요. 아프리카처럼 더운 나라에서 온 요충은 따뜻한 대장 속에 살면서 밤이 되면 항문 주변에 알을 낳아요. 그러면 그 부분이 간지러워서 참을 수가 없답니다. 기생충 가운데 하나인 조충은 길이가 1미터나 돼요. 하지만 몸을 아주 작게 접어 몸속에 웅크리고 있지요.

기생충은 몸속에 살면서 영양분을 빼앗아 먹기 때문에 심한 경우에는 우리가 생명의 위협을 받기도 해요. 다행히 요즘은 기생충 약을 먹어 단번에 없앨 수 있답니다. 대개는 똥에 섞여서 몸 바깥으로 나오지요.

이 사람의 몸에 기생하면서 피를 빨아 먹는다. 대량으로 산란하여 급속히 증식하며, 일생을 숙주동물의 몸에서 보낸다.
기생충 다른 동물체에 붙어서 양분을 빨아 먹고 사는 생명체.

우리 몸의 파수꾼 면역계

면역계는 우리 몸에 들어오는 불청객을 예방하고 무찌르는 시스템이라고 할 수 있어요. 암처럼 몸속에서 스스로 생겨난 병을 찾아내 치료하기도 한답니다. 어떤 물질이 처음 몸속에 들어오면 우리 몸은 그것에 반응하는 항체를 만들어요. 그 뒤 나중에 같은 물질이 또 들어오면 항체를 보내 무슨 일인지 살펴보게 하지요.

몸의 균형을 잡아 주는 면역계가 일을 잘하려면 파수꾼이 필요해요. 우리 몸에서는 **편도**가 파수꾼 역할을 해요. 코와 목이 만나는 부위에 있는 편도는 입이나 코로 들어오는 세균을 먼저 막아 내지요. 그다음에는 백혈구가 혈관을 타고 다니면서 몸속에 들어온 것들을 살피고 통제하는 일을 해요. 그래서 불청객이 찾아오면 곧바로 '항체'라는 무기를 휘두르며 싸우는 것이지요. 백혈구는 한 번 들어온 적이 있는 바이러스들을 잘 기억해 두었다가 그것이 다시 들어오면 맞서 싸워요. 이런 원리를 이용해 만들어 낸 것이 바로 병을 예방하는 **백신**이에요.

어떤 사람들은 면역계가 약해서 쉽게 병에 걸려요. 또 바이러스에 감염돼 면역계가 완전히 힘을 잃은 경우도 있어요. 에이즈와 같은 병이 그렇지요. 심지어 백혈구가 우리 자신의 세포들과 싸워야 할 때도 있어요. **당뇨병**이나 **류머티즘**이 그런 병이에요.

면역계 우리 몸을 스스로 지키기 위하여 방어 능력을 발휘하는 기관이나 세포를 통틀어 이르는 말.
편도 목 안, 코 뒷 부분에 위치한 기관으로 림프 조직이 풍부하여 우리 몸의 면역기능을 수행한다. 편도는 5세 전후까지 점점 커지다가 그 이후에는 작아진다.
백신 전염병에 대하여 인공적으로 면역을 주기 위해 생체에 투여하는 항원의 하나.

당뇨병 인슐린 분비의 이상으로 혈액 속의 포도당 농도가 높아져 오줌으로 포도당이 빠져나가는 질환으로 1형과 2형이 있다. 오줌을 자주 누고 물을 많이 마시게 되며, 식욕이 좋아진다.

류머티즘 뼈, 관절, 근육 등이 단단하게 굳거나 아프며 운동하기가 곤란한 증상을 보이는 병을 통틀어 이르는 말.

백신으로 병을 예방해요

여러분도 백신 주사를 맞은 적이 있는지 부모님에게 물어보세요. 아마 대부분 주사를 맞은 적이 있을 거예요. 백신은 소아마비나 볼거리, 홍역, 수두 등의 병을 예방하는 약이랍니다. 백신 주사를 맞거나 약을 먹으면 목숨을 위협하는 몇 가지 병들을 가볍게 막을 수 있어요.

요즘은 대개 백신을 주사로 맞는데, 예전에는 알약이나 시럽으로 만들어 먹기도 했어요. 물론 요즘도 알약이나 시럽으로 만들어 먹는 나라가 있긴 해요.

다른 많은 약이 그렇듯이 백신에도 약간의 부작용이 있어요. 백신 주사를 맞고 나면 주사를 맞은 부위가 며칠 동안 빨갛게 부풀고 가렵거나 아프잖아요. 그런 증세가 바로 가벼운 부작용이에요. 그럼에도 백신 주사를 맞는 건 더 큰 병을 예방하기 위해서예요. 실제로 백신이 없었을 때는 **홍역**이나 **수두**로 죽는 아이들이 많았어요.

어른들도 백신 주사를 맞아요. **파상풍**이나 **독감** 같은 병을 예방하기 위해서지요.

백신 주사를 맞으면 몸속에 박테리아나 바이러스와 싸울 수 있는 항체가 생겨요. 스스로 몸을 지킬 수 있는 무기를 얻는 셈이지요. 한번 만들어진 항체는 계속 몸속에 남아 있기 때문에 바이러스나 박테리아가 다시 침투해 들어와도 든든하게 몸을 지켜 준답니다.

홍역 홍역 바이러스에 의해 호흡기가 감염되는 급성 전염병. 감기와 비슷한 증상으로 시작하여 입안 점막에 작은 흰 반점이 생기고 나중에는 온몸에 좁쌀 같은 붉은 발진이 돋는다. 한 번 앓으면 다시 걸리지 않는다.
수두 어린아이의 피부에 붉고 둥근 발진이 났다가 얼마 뒤에 작은 물집으로 변하는 바이러스 전염병.

파상풍 상처를 통해 들어간 독이 온몸에 퍼져서 근육에 마비와 통증을 일으키는 병. 증상이 진행되면서 목과 턱 근육을 수축시키고 마비 증상이 일어나며, 온몸에 경련이 일어난다.
독감 인플루엔자 바이러스에 의해 발생하는 질환.

치료를 도와요 약

약은 어떻게 만들어졌을까요?

수천 년 전, 사람들은 병을 예방하거나 치료할 때 **약효**가 있는 식물들을 찾아 사용했어요. 풀잎이나 꽃잎, 뿌리, 잎사귀 등을 말려서 달여 먹거나 그대로 상처 위에 올려놓으면 아픈 곳이 더 빨리 나았으니까요. **약초**를 썩지 않게 말려서 가루로 빻은 뒤 물에 개어 쓰기도 했어요.

그 뒤 사람들은 약초를 보관하거나 치료 효과를 높이기 위해 여러 가지 방법들을 생각했어요. 약초에 동물의 지방이나 향신료, 알코올 등을 섞으면 치료 효과가 더 높다는 것을 알아냈지요. 다른 약재들을 함께 섞어서 고약을 만든 다음 상처에 붙이기도 했어요.

알약도 오래전에 만들어졌어요. 먼저 말린 약초나 뿌리 등을 오랫동안 끓인 다음 말려서 가루로 빻아요. 그리고 가루에 물을 섞어서 동글동글한 모양으로 만든 뒤 다시 말려서 **약**으로 먹었지요.

약초로 물약을 만들기도 했어요. 쓴맛이 나는 약초를 달여서 물약으로 만든 뒤 거기에 설탕이나 단것을 섞어 마시는 것이지요. 그렇게 먹으면 한결 맛이 좋으니까요.

오늘날에도 예전의 방식을 그대로 따르고 있어요. 차이점이 있다면 옛날보다 정교한 기계들로 약을 만들고 있다는 거예요.

약효 약의 효과.
약초 약으로 쓰는 풀.
약 아픈 곳을 치료하거나 병을 예방하기 위하여 먹거나 바르거나 주사하는 물질.

혈관을 통해 퍼지는 약

몸속에 들어온 약은 아주 빠르게 효과를 내요. 요즘에는 약의 종류도 무척 다양해졌어요. 약초에서 약 성분을 뽑아 **생약**을 만들거나, **화학** 실험을 통해 약을 만들어 내지요. 누가 그 일을 하냐고요? 바로 **약사** 선생님이에요.

약은 그 종류만큼 형태도 다양해요.

1. 물약: 알약을 못 먹는 어린아이들에게 효과적이다.
2. 알약: 약 성분을 압축해 작게 만든 것이다.
3. 캡슐: 캡슐 속에 가루 형태의 약을 넣어 만든 약.
   캡슐이 식도를 지나 위에 이르렀을 때 녹으면서 약 성분이 퍼진다.
   약 성분이 변하지 않도록 하거나 쓴맛이나 냄새를 막기 위해 만들기도 한다.
4. 당의정: 먹기 좋게 겉을 설탕이나 지방 성분 등으로 감싼 약이다.

먹는 약은 대부분 위에서 소화되어 혈관을 통해 온몸을 돌며 약효가 퍼진답니다. 반면에 좌약은 항문을 통해 몸속으로 집어넣어요. 그리 아프지는 않아요. 좌약은 대장의 혈관으로 스며들어 간 뒤 온몸으로 약효를 퍼뜨리지요. 엉덩이나 팔에 주사를 놓는 방법도 있어요. 혈액으로 약이 들어가게 해서 약효를 더 빨리 퍼뜨리는 방법이에요.

생약 약초 등을 그대로 쓰거나 성질을 바꾸지 않을 정도로만 성분을 뽑아 만든 약.
화학 물질의 성질, 구조 등을 연구하는 과학 분야.
약사 의약품을 만들거나 투약하고 복용법을 지도하며 다양한 약에 대한 업무를 담당하는 사람.

어떤 사람들은 오랫동안 약의 도움을 받아야 해요. 예를 들어 당뇨병을 앓는 환자들은 오랫동안 인슐린 주사를 맞아야 한답니다. 인슐린이 들어간 바늘펜을 피부에 꽂아 주사하기도 하지요. 정맥에 들어가는 약은 **링거** 수액을 우리 몸과 주사 바늘로 연결하여 주입하기도 해요. 주사 바늘을 오래 꽂고 있어 많이 아파 보이지만, 크게 움직이지만 않으면 전혀 아프지 않아요.

일반적으로 약을 먹는 기간이 길지는 않아요. 항생제 등은 의사 선생님의 처방에 따라 며칠 정도만 먹지요. 약을 먹을 때는 처방전에 있는 지시에 꼭 따라야 해요.

처방전을 읽어 볼까?

복용량 한 번에 먹어야 하는 약의 양.
지시 약을 먹는 방법과 효과에 대한 설명.
복용 기간 약을 먹어야 하는 기간.

링거 가느다란 튜브 관과 주사 바늘을 통해 물과 전해질을 공급하는 것. 약물을 혼합하여 주입할 수도 있다.

여러 가지 종류의 약

에어로졸 액체나 미세한 가루를 스프레이처럼 뿌리는 약이에요.

한방 여러 가지 약초에서 채취한 약 성분으로 병을 치료하는 방식이에요.

개량 신약 제약 회사에서 새 약을 개발했을 때는 연구비가 약품 가격에 포함되기 때문에 가격도 비싸고 구하기도 힘들어요. 개량 신약이란 다른 제약 회사에서 먼저 만들어 내놓은 약을 재료의 양과 모양만 바꿔 개량한 약이에요. 성분은 비슷하지만 가격은 더 싸지요.

동종요법 앓고 있는 병과 비슷한 증상을 일으키는 물질을 사용하여 병을 치료하는 방법이에요. 하지만 아주 적은 양만 사용해야 하고, 모든 병에 다 효과가 있는 것은 아니니 주의해야 해요. 잘못 사용하면 큰 위험에 처할 수도 있어요.

위약 생김새는 진짜 약과 같지만 약효가 없는 가짜 약이에요. 치료약을 먹었다는 생각에 병의 증상이 누그러진답니다.

연고 상처에 직접 바르는 젤 형태의 약이에요. 상처에 약 성분이 바로 닿기 때문에 흡수가 빠르고 효과도 뛰어나지요. 주로 베이거나 찢어서 피가 나는 상처 부위에 사용해요. 약국에서도 쉽게 살 수 있어요. 하지만 좀 더 약효가 강한 약을 살 때는 의사의 처방이 필요해요. 언제, 얼마만큼 사용해야 하는지 바로 알고 있어야 하거든요.

반드시 처방전대로 사용해요

약은 반드시 처방전대로만 사용해야 해요. 잘못 먹거나 상처에 발라서 **부작용**이 일어날 수 있거든요. 예를 들어 열을 내리려고 해열제를 너무 많이 먹으면 간이 손상될 수 있어요. 잠이 오지 않을 때 먹는 수면제도 너무 많이 먹으면 큰 위험에 처하지요. 이 때문에 의사 선생님은 반드시 지시대로만 약을 먹어야 한다고 주의를 준답니다.

어떤 사람들은 일부러 약의 부작용을 노리고 약을 먹기도 해요. 예를 들어 다이어트를 심하게 하는 경우, **갑상샘**의 활동을 자극하는 약을 먹지요. 그러면 한꺼번에 많은 에너지를 쓰게 되고, 그로 인해 살이 빠지거든요. 하지만 이런 경우에는 건강을 크게 해치기 때문에 의사 선생님은 그러지 않도록 따끔하게 경고를 준답니다.

잘못 먹으면 위험해요

우리 몸은 적응력이 빨라 약에도 금방 적응을 하기 때문에 약을 자주 먹으면 효과가 떨어져요. 막상 큰병에 걸렸을 때는 이미 그 약에 몸이 적응해 있기 때문에 좋은 효과를 보지 못하지요. 따라서 약은 적당히 먹거나 먹지 않는 게 좋아요.

약 포장지를 보면 항상 주의 사항이 쓰여 있어요. 약을 먹기 전에는 이 주의 사항들을 꼼꼼하게 살펴야 해요. 부작용에 대한 경고뿐만 아니라 약에 대한 여러 가지 정보와 유통기한 등이 쓰여 있답니다. 차갑게 보관해야 하는 약은 따로 알려 주지요.

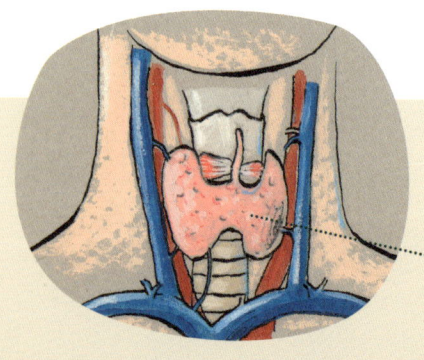

부작용 약이 지닌 본래의 작용 외에 곁들여서 일어나는 작용. 대개 좋지 않은 경우를 이르는 말이다.

갑상샘 목 앞쪽에 있는 나비 모양의 내분비샘. 호르몬을 내보내 우리 몸의 신진대사를 조절한다.

질병에 대해 알아볼까요?

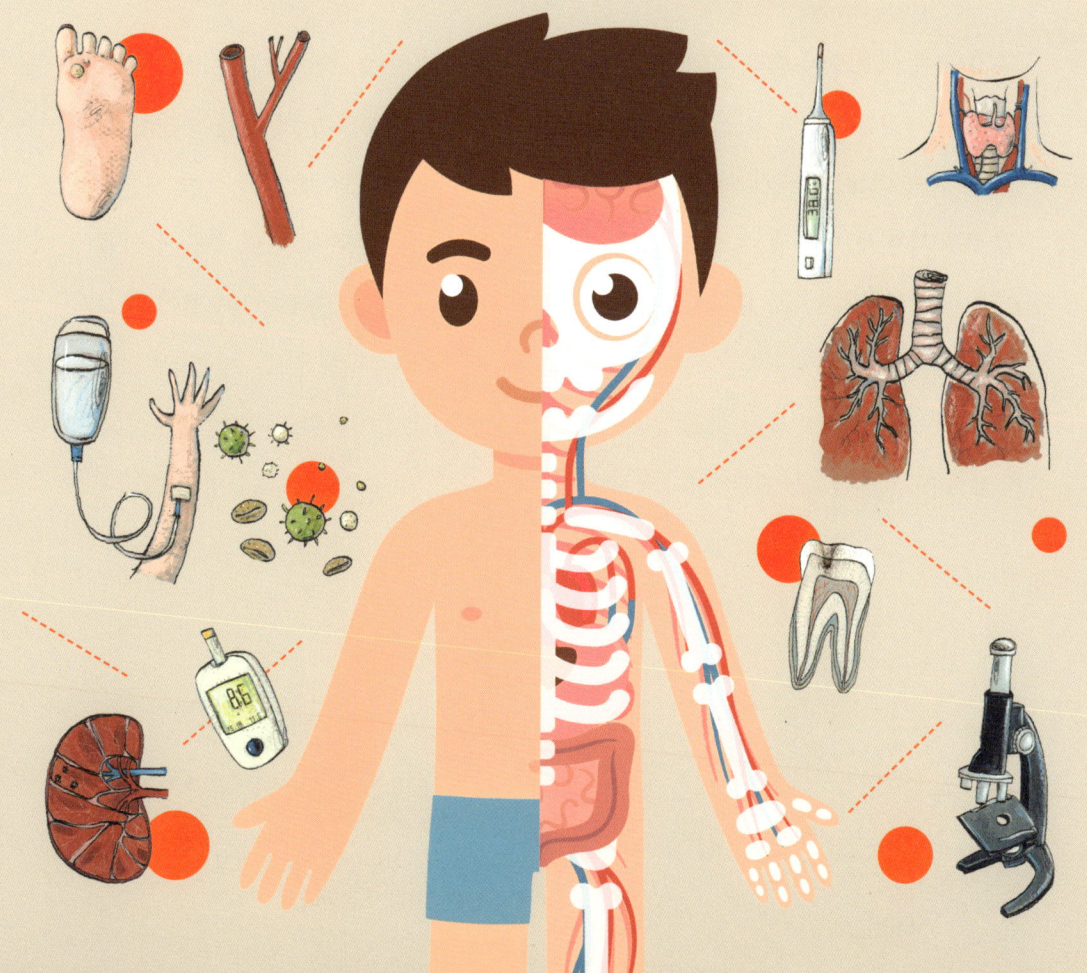

 가만히 좀 앉아 있으렴 ADHD

여러분은 변덕이 심한 편인가요? 물론 누구나 가끔씩 마음이 변할 때가 있어요. 가만히 있다가 무엇 때문인지 갑자기 화를 낼 수도 있고, 줄을 서서 기다리다가도 차분히 기다리지 못하고 돌아서 나와 버리는 경우가 많지요.

하지만 한시도 가만히 앉아 있지 못하고 왔다 갔다 한다면 병은 아닌지 의심해 봐야 해요. 그런 증세를 '주의력 결핍 과잉 행동 장애(ADHD)'라고 해요. 주의력, 집중력이 부족하고 심하게 몸을 움직인다는 뜻이 담겨 있지요. 주변에 한시도 가만히 있지 못하는 친구들이 있나요? 그런 친구들은 좀처럼 자리에서 가만히 쉬지 못하고 계속 여기저기 돌아다녀요. 무언가에 집중하기란 정말 어렵지요.

ADHD 증세가 있는 아이들은 뭐든 **충동적**인 경우가 많아요. 충동적으로 결정하고, 쉴 새 없이 사고를 일으키지요. 때로는 아무런 이유 없이 기운이 축 처져 있기도 해요.

왜 그런지 이유는 아직 밝혀지지 않았어요. 어린 시절에 겪은 어떤 특별한 사건이나 잘못된 주변 환경이 뇌에 영향을 끼쳤다는 사람도 있고, 유전적으로 그런 증세를 물려받는다는 사람도 있어요. 하지만 지금으로서는 아무것도 확실하지 않아요.

이 증세를 가진 아이들은 학교에서도 제대로 생활하기가 어려워요. 수업 시간에 집중하지 못하고 교실 밖으로 뛰어나가 학교 벤치에 혼자 앉아 있거나 하릴없이 이리저리 돌아다니기 일쑤거든요. 다른 아이들이 공부하는 것을 방해하기도 해요. 예전에는

ADHD 영어 단어 'Attention Deficit Hyperactivity Disorder'의 준말로 '주의력 결핍 과잉 행동 장애'라는 뜻.
충동적 어떤 일을 할 때 제대로 생각하지 않고 마음대로 결정을 내리고 행동하는 것.

이 병에 대해서 손을 쓸 도리가 없었지만 다행히 요즘에는 좋은 치료약이 많이 나와서 정상적으로 생활할 수 있게 도와준답니다.

    ADHD를 앓고 있는 아이들이 있다면 주위 어른들의 도움이 더욱 필요해요. **심리 치료사**나 **정신건강의학과** 의사 선생님에게 꾸준한 상담 치료도 받아야 하지요. 그래서 자기 주변을 질서 있게 정돈하거나 참을성을 기르는 법을 차근차근 배워 나가야 한답니다.

심리 치료사 심리적인 질병을 치료하는 전문가. 대화나 놀이 치료법 등으로 병을 치료한다.
정신건강의학과 정신 질환을 앓고 있는 사람을 진단·치료하는 의학 분야.

 생명을 위협하는 바이러스 에이즈

에이즈는 바이러스를 통해 **감염**되는 아주 위험한 질병이에요. 다들 한 번쯤 들어 봤지요? 에이즈 바이러스를 **인간 면역 결핍 바이러스**(HIV)라고 하는데, 이 바이러스는 대개 혈액이나 **정액**을 통해 다른 사람에게 옮겨진답니다. 에이즈 바이러스는 감염이 되어도 처음에는 그 사실을 전혀 몰라요. 몸에 들어와도 오랫동안 아무 증상을 보이지 않기 때문이죠. 그러다 어느 정도 시간이 지나면 면역력이 결핍되어 증상이 나타나요.

에이즈는 어른들만 걸리는 병이 아니에요. 아이들도 걸릴 수 있어요. 가령 엄마가 감염되어 있는 경우라면 엄마 배 속이나 태어나는 순간에, 또는 젖을 먹다가 감염이 될 수 있지요. 가난한 나라에서는 어린이 에이즈 환자들이 꾸준히 늘어나고 있어서 문제가 아주 심각해요.

에이즈 바이러스는 몸속의 림프구 세포들을 감염시켜요. 우리 몸의 방어 시스템이 제대로 일을 할 수 없게 만드는 것이지요. 그래서 건강한 몸이라면 쉽게 물리칠 수 있는 간단한 병도 이겨 내지 못하고 병에 걸리게 된답니다.

에이즈에 감염된 사람들은 아주 많은 약을 먹어요. 하지만 지금으로서는 특별한 치료법이 없는데다 처방받아 먹는 약도 매우 비싸요. 그래서 가난한 나라의 사람들은 치료약을 구경도 못 하고 죽어 간답니다.

에이즈(AIDS) 후천성 면역 결핍 증후군.
감염 바이러스가 다른 사람이나 주변 환경에서 몸속으로 옮겨 들어오는 것.

인간 면역 결핍 바이러스 HIV(Human immunodeficiency virus). 에이즈를 일으키는 바이러스.
정액 남성의 생식 기관을 통해 배출된 액체.

몸이 너무 예민해요 알레르기

요즘에는 많은 사람들이 **알레르기**를 앓고 있어요. 여러분도 알레르기가 있나요? 알레르기는 반응과 원인이 아주 다양해요. 알레르기 반응이 나타나면 쉴 새 없이 눈물을 쏟거나 콧물을 흘리기도 해요. 피부에 빨간 반점이 생기거나 견딜 수 없을 만큼 간지럽기도 해요. 때로는 심각한 호흡 곤란이 올 수도 있지요.

알레르기를 일으키는 물질도 여러 가지예요. 집 먼지, 약, 음식, 과일, 세제, 샴푸, 동물의 털, 꽃가루 등.

우리가 늘 몸을 움직이는 것처럼 우리 몸속의 방어 시스템도 스물네 시간 작동하고 있어요. 알레르기는 몸에 위험한 것이 들어왔다고 판단될 때 방어 시스템이 일으키는 반응이라고 할 수 있답니다. 방어 시스템은 위험 신호가 울리면 먼저 백혈구와 항체 등을 재빨리 출동시켜요.

그리고 몸속에 침투한 반갑지 않은 물질에 대해 싫은 반응을 나타내지요. 이때 혈액 속에 있는 **면역글로불린E** 등 면역물질이 너무 많이 분비되면 **아토피** 같은 면역질환을 일으킨답니다. 아토피는 방어 시스템이 너무 예민해서 나타난 증세예요.

어떤 알레르기 반응은 너무 심각해서 목숨이 위험할 정도예요. 기도가 부어올라 숨을 쉬기 힘들어요. 다행히 요즘에는 알레르기 약들이 많이 개발되어서 집에서도 약으로 다스릴 수 있어요. 하지만 심할 때 병원에 가서 더 강한 약을 처방받거나 주사를 맞아야 해요.

알레르기 몸속으로 들어온 어떤 물질 때문에 몸이 비정상적인 반응을 보이는 것. 천식, 비염, 피부 발진과 같은 증상이 일어나는데, '과민 반응'이라고도 한다.
면역글로불린E 혈액 세포에서 합성되는 항체의 한 종류로, 알레르기 반응에서 중요한 역할을 하며 기생충에 대한 면역 반응에도 관여한다.

여러분의 몸이 어떤 물질에 알레르기 반응을 보이는지 궁금하다면 병원에 가서 알레르기 반응 테스트를 하면 돼요. 피를 뽑아 특정 알레르기 항원에 대한 면역글로불린 E의 양을 측정해서 알레르기를 유발하는 원인물질을 찾아 진단할 수 있고, 알레르기 항원 물질을 등이나 팔에 떨어뜨린 후 15분 정도 기다려 피부의 반응을 확인할 수도 있어요. 만약 피부가 빨갛게 부어오르면 이 알레르기 항원에 대해 내가 민감한 상태라는 것을 알 수 있답니다.

약물 치료를 통해 몸의 방어 시스템을 덜 예민하게 만드는 방법도 있어요. 알레르기 반응을 일으키는 물질과 계속해서 조금씩 접촉하게 하면, 차츰 몸이 그 물질에 적응하고 무뎌져서 알레르기를 고칠 수 있답니다. 이것을 **면역 요법**이라고 해요.

아토피 팔오금, 다리오금 등의 피부가 까칠까칠해지고 몹시 가려운 증상을 나타내는 피부염.
면역 요법 알레르기 항원을 조금씩 투여하여 이에 대한 면역 반응을 변화시켜 증상을 줄여가는 치료 방법.

숨쉬기가 힘들어요 천식

사람은 숨을 쉬지 않고는 살 수 없어요. 사람이 하루 동안 숨을 쉬고 내뱉는 횟수는 무려 2,000번이나 된다고 해요. 숨을 쉬면 산소가 폐 속으로 들어왔다가 몸속을 한 번 돌아 다시 바깥으로 나가요.

천식이란 한 마디로 '숨쉬기가 힘든 병'이에요. 기도에 염증반응을 일으켜 점막이 붓거나 점액이 너무 많이 분비되어 기도가 좁혀 숨쉬기 어려워져요. 가래가 기도를 막아 숨을 제대로 못 쉬는 경우도 많아요. 이렇게 숨을 쉴 때 사용하는 근육들이 제 기능을 하지 못하면 쉽게 헐떡이고 기침을 하게 된답니다.

때로는 꽃가루나 **먼지**, 애완동물의 털 때문에 기도가 갑작스럽게 수축하기도 해요. 격렬한 놀이를 하거나 크게 흥분했을 때도 기도가 좁아질 수 있어요. 그러면 폐 안으로 공기가 충분히 들어갈 수도 없고, 몸 안의 공기가 바깥으로 나가기도 어려워요.

자주 호흡 곤란이 찾아온다는 건 썩 유쾌한 일이 아니에요. 그 때문에 괜히 불안해하며 상태가 더 나빠질 수도 있거든요. 다행히 요즘에는 천식 약이 많이 발달되어 있답니다. 기도가 좁아졌을 때 숨을 편하게 쉬도록 도와주는 스프레이 형태의 흡입기도 있지요. 그것으로도 효과가 없다면 급히 병원에 가서 약을 처방받거나 **산소 호흡기**를 써야 해요.

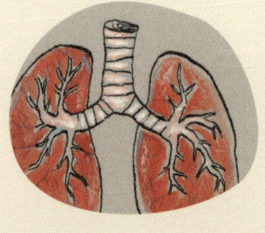

수축 근육이 오그라들거나 어떤 부위의 부피나 규모가 줄어드는 것.

기관지 양쪽 폐로 이어져 있는 호흡 기관.

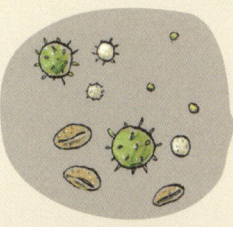 **먼지** 공기 중에 떠다니는 아주 작은 오염 물질.

 **산소 호흡기** 호흡을 돕기 위해 착용하는 기계. 코를 통해 산소를 몸 안으로 들여보낸다.

폐로 숨을 쉬어요

숨을 쉬고 내뱉는 건 아주 자연스러운 일이에요. 그렇다면 사람은 어떻게 숨을 쉴까요?

우리의 코와 입은 목구멍을 통해 기관지와 연결되어 있어요. 근육과 **연골**로 이루어진 기관지는 단단한 관 모양이고, 가슴 부근에서 나뭇가지처럼 두 갈래로 나뉘어져 있지요. 나무 기둥에서 큰 가지가 나뉘고, 큰 가지에서 잔가지들이 뻗어 있는 것처럼, 기관지와 폐도 그런 식으로 연결되어 있어요.

우리가 숨을 쉬면 코와 입으로 들어온 **들숨**이 기관지를 통해 폐로 들어가요. 폐로 들어온 공기 중에서 산소는 폐에 연결된 혈관들을 통해 온몸으로 운반된답니다. 우리 몸을 이루고 있는 세포들은 산소가 있어야 영양분을 분해하고 에너지를 만들 수 있으니까요. 영양분을 분해할 때 나오는 **이산화탄소**는 혈액을 따라 폐로 다시 돌아온 뒤, 몸 밖으로 내보내져요. 이것이 바로 **날숨**이에요. 이렇게 폐의 두꺼운 벽 안에서 산소와 이산화탄소가 맞바꾸어지는 것을 '호흡'이라고 해요.

숨을 쉬는 동안에는 다른 근육들도 같이 움직여요. 배와 가슴을 나누는 **가로막**(횡격막)도 숨을 쉴 때 당겨졌다 느슨해졌다 쉴 새 없이 움직인답니다.

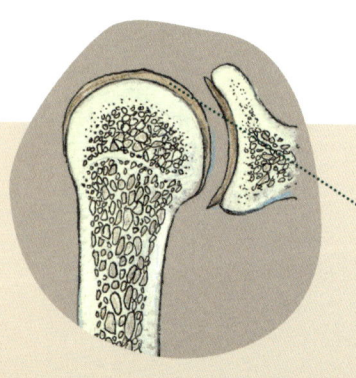

연골 뼈와 뼈 사이에 있는 부드럽고 무른 뼈.
들숨 들이쉬는 숨.

이산화탄소 세포가 영양분을 분해하면서 만들어 내는 무색 기체.
날숨 몸 밖으로 내뱉는 숨.
가로막 가슴과 배를 나누는 근육. 횡격막이라고도 한다.

 오줌싸개 야뇨

이불에 오줌을 싸는 것도 질병과 관련이 있어요. 어린아이들이나 오줌을 싸는 거라고요? 꼭 그렇진 않아요. 많지는 않지만 자다가 오줌을 싸는 어른들도 있는걸요. 왜 그런지 한번 볼까요?

우리 몸은 머리끝부터 발끝까지 뇌의 지배를 받아요. 마찬가지로 먹고, 마시고, 몸속에서 소화시키는 것도 뇌의 지배를 받지요. 이때 영양분으로 쓰이고 남은 찌꺼기들은 몸 밖으로 배출이 돼요. 똥은 대장(큰창자)을 통해서, 오줌은 **콩팥**에서 만들어져 **방광**을 통해서 몸 밖으로 나가지요. 콩팥과 방광은 우리 몸속에 있는 기관이에요. 방광은 오줌을 꽉 찰 때까지 모았다가 몸 밖으로 내보내는 일을 해요. 물론 뇌가 오줌을 누고 싶다는 신호를 보내고 지시를 해야만 하지요.

방광 밑에는 뇌의 지시를 받아 열렸다 닫히는 근육이 있어요. 갓난아기들은 이 근육을 제대로 조절하지 못하기 때문에 기저귀를 차지만, 서너 살만 되어도 스스로 조절할 수 있게 되어 기저귀를 멀리 던져 버린답니다. 하지만 학교에 다니는 어린이나 어른도 이 근육을 제대로 조절하지 못할 때가 있어요. 암 같은 심각한 병에 걸리거나 뇌에 염증이 생겼을 때 말이에요. 이때는 뇌가 우리 몸을 통제할 수 없게 돼요. 그래서 갓난아기처럼 기저귀를 차고 있어야 하지요.

방광에 염증이 있을 때도 마찬가지예요. 뇌가 방광과 콩팥을 제대로 통제하지 못하기 때문에 밤이나 낮이나 실수를 하게 돼요. 여자는 몸의 구조가 방광염에 걸리기 더

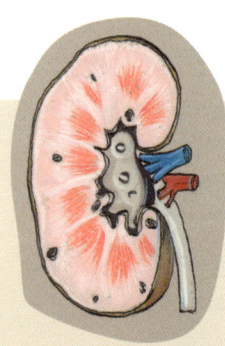

콩팥 배안에 있는 기관으로, 강낭콩 모양으로 좌우에 하나씩 있다. 우리 몸에 생긴 불필요한 물질을 몸 밖으로 내보내는 일을 한다.

쉬워요. 방광에서 몸 밖으로 오줌을 내보내는 관(요도)이 남자보다 짧기 때문이지요. 방광염에 걸리면 오줌을 자주 누게 돼요. 가끔은 오줌에 피가 섞여 나오기도 하지요. 이럴 때는 물을 많이 마시고, 약을 먹어야 한답니다.

자다가 무의식중에 오줌을 싸는 야뇨는 심리적으로 문제가 있기 때문에 생겨요. 동생에게 부모님의 사랑을 빼앗겼다고 느끼는 경우가 있어요. 이럴 때는 속상하고 질투를 느껴요. 다른 말로 하면 **스트레스**가 생기는 것이지요. 스트레스는 마음이 크게 짓눌려 있을 때 생기는 거예요. 스트레스를 일으키는 원인은 아주 다양해요. 갑작스럽게 이사를 간다거나 학교에서 생긴 문제, 부모님이나 친한 친구와의 갈등……. 때로는 스트레스의 이유를 자기도 모를 때가 있어요.

이렇게 마음이 아프기 때문에 자다가 저도 모르게 오줌을 쌀 수도 있어요. 이런 경우에는 대화로 마음을 풀어주는 게 큰 도움이 돼요. 오줌을 싸지 않는 날을 달력에 기록하면서 스스로를 칭찬해 주는 것도 좋은 방법이에요. 그러다 보면 스트레스에서도 벗어나고, 오줌 싸는 버릇도 고칠 수 있으니까요.

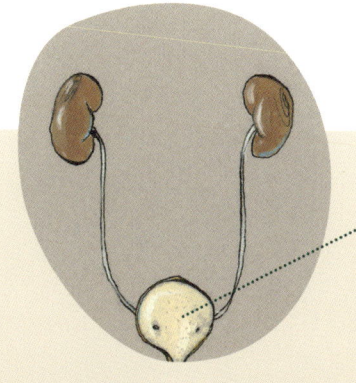

방광 콩팥에서 흘러나오는 오줌을 저장하였다가 일정한 양이 되면 요도를 통해 몸 밖으로 배출시키는 주머니 모양의 기관.

스트레스 적응하기 어려운 환경에 처할 때 느끼는 긴장 상태. 오래 계속되면 심장병, 위궤양, 고혈압, 불면증, 우울증 등의 병을 일으킨다.

 오른쪽 배가 아파요 충수염

맹장은 소장(작은창자)에서 대장(큰장자)으로 이어지는 부위에 주머니처럼 부풀어 있는 대장 부위를 말하고, **충수**는 맹장 끝에 붙어 있는 가느다란 관 모양의 돌기를 가리켜요. 충수는 속이 비어 있고 구부러졌으며, 작은 구멍이 있어 맹장과 통해 있어요.

충수 돌기에 생긴 염증을 '충수염'이라 하는데 '맹장염'으로 널리 알려져 있어요. 하지만 맹장에 염증이 있는 병은 따로 있기 때문에 충수염과 맹장염은 엄밀히 말해 다르답니다. 실제 맹장염의 빈도가 적고 충수염을 맹장염으로 알고 있는 경우가 많아서 의사 선생님들도 맹장염이라고 하면 알아들어요.

옛날에는 충수염이 매우 치명적인 질병이었어요. 그래서 인류의 수명을 단축하는 주요 원인이 되었지만 충수 절제술이 나온 뒤에는 평균수명을 가장 단기간에 끌어올린 대표적인 수술이 되었어요.

충수염에 걸리면 바로 **증상**을 알 수 있어요. 배가 아주 심하게 아프고, 토하고 싶고, 열이 나지요. 특히 오른쪽 아랫배를 만지면 크게 통증을 느껴요.

배가 아프다고 해서 무조건 진통제를 먹어서는 안 돼요. 진통제를 먹으면 의사 선생님이 진찰할 때 통증을 더디게 느끼기 때문에 원인을 찾기가 어려워요. 차라리 통증 부위에 얼음찜질을 하면서 서둘러 병원에 가는 게 좋아요.

만약 급성 충수염이라면 병원에 가자마자 **수술**을 받아야 해요. 충수염 수술은 배의 오른쪽 부분을 칼로 작게 가르고 충수 부위를 찾아서 잘라 내요. 전기열로 간단히 치

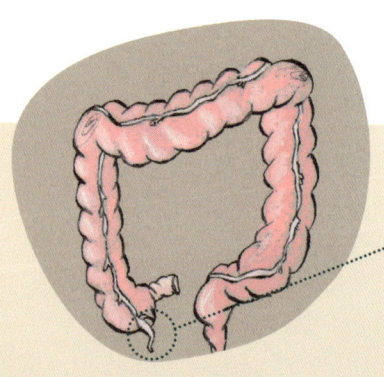

충수 맹장 끝에 붙어 있는 가느다란 관 모양의 돌기. 길이는 약 6~7cm, 지름은 1cm 정도이며, 근육질의 좁은 관 모양으로 한쪽 끝은 막혀 있고, 다른 쪽 끝은 맹장과 붙어 있다.

료할 수도 있어요. 많이 아프지는 않아요. 수술하기 전에 **마취**를 하기 때문에 수술을 받는 동안 깊이 잠들어 있답니다.

　마취에서 깨어나면 수술은 이미 끝나 있고, 수술 부위에 약간의 통증만이 남아 있을 거예요. 수술하고 나서는 몸이 정상으로 돌아올 때까지 한동안 푹 쉬는 게 중요해요. 다행히 수술하고 나서는 회복을 도와주는 약들을 먹기 때문에 생각보다 빨리 회복될 수 있어요.

　충수염은 한 번 수술을 받으면 다시는 걸리지 않아요. 잘려 나간 충수가 다시 자라는 일이 없기 때문이에요.

증상 병을 앓을 때 나타나는 여러 가지 몸의 현상.
수술 의료 기기를 사용하여 조직을 자르거나 째거나 조작을 가하여 병을 고치는 일.
마취 주사나 가스 호흡 등의 방법으로 마취약을 사용하여 얼마 동안 의식이나 감각을 잃게 하는 것.

코에서 피가 나요 코피

콧속 혈관이 터지면 코피가 나요. 그러면 휴지나 솜 등으로 코를 단단히 막고 입으로만 숨을 쉬어야 해요. 아니면 콧등에 차가운 수건을 대고 있는 것도 도움이 되지요. 찬 기운에 혈관이 수축해서 피가 멎거든요.

갑자기 코피가 많이 나거나 오랫동안 멈추지 않는다면 의사 선생님을 찾아가서 진찰을 받아 보는 것이 좋아요. 콧속의 혈관이 튼튼하지 않거나 그 밖의 다른 이유일 수 있거든요. 이때는 이비인후과에 가야 해요. 이비인후과는 코, 목, 귀 등을 진찰하는 곳이에요. 병원에 가면 왜 코피가 났는지를 알 수 있어요. 진찰을 통해 혹시 다른 병이 있는지도 알 수 있고요. 때때로 어른들은 혈압이 높아서 코피를 흘리기도 해요.

 상처로 들어오는 세균 패혈증

패혈증은 병원균이나 독소가 혈관을 따라 돌아다니면서 심한 염증을 일으키는 병이에요. 온몸에 영향을 주어 장기 기능을 어렵게 하기 때문에 이때는 링거와 **항생제** 주사를 맞거나 복용해야 해요. 패혈증은 몸에 난 상처나 염증 부위로 더러운 물질이나 세균 등이 들어왔을 때 걸릴 수 있어요. 아주 작은 상처라도 위험할 수 있지요. 따라서 몸에 상처가 나면 꼭 깨끗이 **소독**을 해야 한답니다. 패혈증은 피부의 상처 외에도 다른 장기로부터 세균이 전달되어 걸릴 수도 있어요.

패혈증 곪아서 고름이 생긴 상처나 종기 등에 있던 병원균이 혈관을 따라 돌면서 심한 전신 증상과 염증을 일으키는 병.
소독 병의 감염이나 전염을 예방하기 위하여 병원균을 죽이는 일.

파상풍에 대해 들어 본 적이 있나요? 파상풍도 패혈증처럼 상처를 통해 감염이 되는 병이에요. 상처를 통해서 들어온 독소가 몸속에 퍼져 신경과 근육 등을 마비시키는 아주 위험한 병이지요. 잘못하면 죽을 수도 있어요. 하지만 백신이 개발되어 있어서 필요한 경우 주사를 맞으면 돼요.

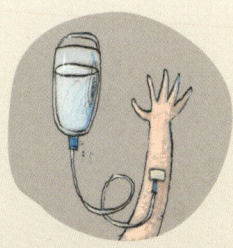

항생제 박테리아 감염을 치료하는 데 사용되는 약물로 미생물을 죽이거나 미생물의 번식을 방지하여 신체 자연 방어를 통해 미생물을 제거할 수 있도록 한다.

 볼이 퉁퉁 부었어요 볼거리

볼거리에 걸리면 볼이 퉁퉁 부어올라요. 볼거리는 바이러스에 감염되어 걸리는 병이에요. 학교에서 한 아이가 볼거리에 걸리면 다른 아이들도 줄줄이 전염이 되지요. 볼거리에 걸리면 머리가 아프고 열이 나요. **침샘**이 퉁퉁해지고, 목도 부어오르고, 볼도 햄스터처럼 빨갛게 부풀어 올라요. 귓불과 귀도 부어서 따끔거리고요.

볼거리에 걸리면 며칠 동안 집에서 푹 쉬어야 해요. 그게 가장 좋은 방법이에요. 그래야 몸이 볼거리 바이러스와 싸우는 데만 힘을 쏟을 수 있으니까요. 일주일 정도 지나면 붓기가 가라앉고 몸 상태도 거의 정상으로 돌아와요.

볼거리에 걸리면 **췌장**에도 염증이 생길 수 있어요. 그 때문에 통증이 심할 때는 의사 선생님의 진료 후 진통제를 사용할 수 있어요. 이때 아스피린은 어린이에게 뇌 손상을 일으킬 수 있어서 사용하지 않아요. 볼거리는 대부분 자연스럽게 회복되기 때문에 약보다는 회복될 때까지 잘 쉬고 수분을 충분히 섭취하는 것이 좋아요.

만약 사춘기 이후의 남자아이들이 볼거리에 걸리면 **생식 세포**나 **고환**에 염증이 생길 수 있지만, 생식 능력을 잃는 경우는 거의 없어요. 다행히 요즘은 아기가 태어난 지 12개월 정도 되었을 때 볼거리 예방 접종을 하기 때문에 뒤늦게 볼거리에 걸릴 염려는 거의 없답니다.

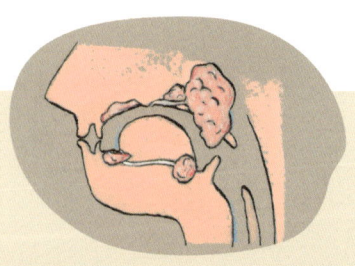

침샘 침을 내보내는 샘. 귀밑샘, 턱밑샘, 혀밑샘 등이 있다.

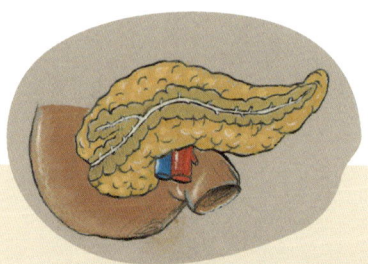

췌장 배안의 뒤쪽에 가로로 길쭉하게 자리한 기관. 소화를 돕는 췌장액을 십이지장으로 보내고 인슐린 등의 호르몬을 분비한다.

| 정자 | 난자 |

생식 세포 아기를 만들 수 있는 세포. 남자의 정자, 여자의 난자를 생식 세포라고 한다.

고환 남자의 음낭 속에 있는 공 모양의 기관. 좌우 한 쌍이 있으며, 정자를 만들고 호르몬을 분비한다.

뼈가 부러졌어요 골절

뼈는 나무나 돌처럼 단단하지 않아요. 살아 있는 세포들로 이루어져 있기 때문에 좀 더 유연하지요. 물론 근육이나 살보다 단단하긴 해요. 우리 몸이 반듯하게 서 있는 것도 **뼈대**가 있기 때문이지요. 재미있는 사실은 뼈가 점점 자란다는 거예요. 키가 자라는 것도 뼈가 자라기 때문이에요. 뼈가 다 자라면 키도 더 이상 자라지 않아요.

사람의 뼈는 **뼈조직**, 골수, 뼈막 등으로 이루어져 있어요. 뼈조직을 이루는 세포들은 오래되면 파괴가 되고 새로운 세포들이 만들어진답니다. 뼈막은 뼈의 겉면을 감싸고 있는데, 그 안쪽으로 혈관과 신경들이 지나가지요. 그 때문에 뼈도 통증을 느껴요. 골수는 뼈 사이의 공간을 채우고 있는 부드러운 조직이에요. 적혈구와 백혈구, 혈소판이 바로 이곳에서 만들어져요.

운이 나쁘게 뼈가 부러질 수도 있어요. 이것을 골절상이라고 하지요. 이때는 엑스레이를 찍어서 뼈가 어떻게 부러졌는지를 봐야 해요. 뼈가 부러지면 골수와 뼈조직, **뼈세포** 등이 서둘러 붙을 준비를 해요. 그래서 일정한 시간이 지나면 뼈가 붙어서 예전처럼 움직일 수 있게 된답니다.

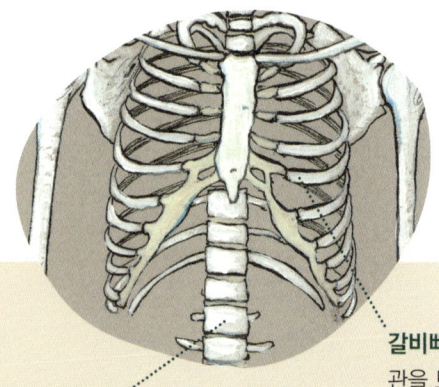

갈비뼈 폐를 포함해 여러 신체 기관을 보호하는, 몸통을 이루는 뼈.

머리뼈 척추동물의 머리를 이루고 뇌를 보호하는 뼈.

척추 머리뼈 아래부터 엉덩이 부위까지 33개의 뼈가 이어져 척주를 이루는데, 그 하나하나의 뼈를 말함.

골절상을 입었을 때는 부러진 부분이 움직이지 않도록 깁스를 해서 뼈가 잘 붙게 해야 해요. 컵이 깨졌을 때 깨진 면이 잘 붙게 하려면 접착제를 발라서 이은 다음, 잘 마를 때까지 가만히 두어야 하지요? 우리 뼈도 마찬가지예요. 부러진 뼈를 가만히 두지 않고 함부로 움직이면 안 돼요. 뼈가 잘 붙도록 최대한 가만히 있어야 한답니다.

엑스레이를 찍어 볼까?

엑스레이는 우리 몸속의 사진을 찍을 수 있는 특별한 사진이에요. 일반 태양 광선으로는 몸속을 볼 수 없지만, 엑스선이라는 광선을 이용해서는 우리 몸속을 들여다볼 수 있어요. 예를 들면 피부 속에 감추어져 있는 갈비뼈나 손목 뼈 등을 볼 수 있지요. 또 뼈가 부러지면 엑스레이 사진을 찍어서 뼈가 어떤 상태인지를 살펴볼 수 있답니다.

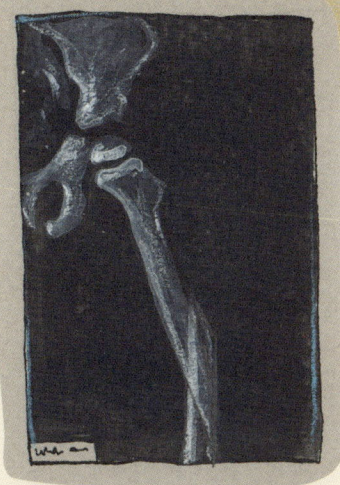

뼈에 대한 짤막 상식

사람은 일반적으로 206개의 뼈를 가지고 있어요. 물론 남자도 여자도 뼈의 수는 똑같지요. 뼈마다 모양도 다양하고 이름도 있어요. 크게는 머리뼈, 귓속뼈, 척추, 가슴우리뼈, 팔이음뼈, 팔뼈, 손뼈, 볼기뼈, 다리뼈, 발뼈로 나뉜답니다.

뼈대 우리 몸의 틀을 유지하는 뼈를 통틀어 이르는 말.
뼈조직 뼈를 이루는 조직. 연골 조직과 경골 조직이 있다.
뼈세포 뼈세포 방에 있는 뼈를 이루는 세포.

먹은 것을 토해요 구토

속이 메스껍거나 기분이 좋지 않을 때 토한 적이 있나요? 비위가 상하거나 병에 걸려도 토할 수 있어요. 토한다는 건 우리 몸 어딘가에 문제가 있다는 것을 알려 주는 가장 눈에 띄는 증세라고 할 수 있답니다. 수천 년 전에 살았던 사람들도 독이 든 풀이나 열매를 구분할 때 누군가가 그것을 먹고 토하는지를 먼저 살폈다고 해요.

토할 때는 코부터 기도, 기관지로 이어지는 근육이 수축해요. 토해 내는 물질이 기도를 통해 폐로 들어가는 것을 막기 위해서예요. 반대로 음식물이 넘어가는 식도는 넓어져요. 이때 위의 근육과 가로막, 배 근육은 수축을 해요. 그렇게 해서 위에 있는 것을 입으로 토하는 거예요.

토하려고 할 때 숨을 깊게 들이쉬면 찬 공기가 폐 깊숙이 들어와서 어지러움을 없애 줘요. 또 소화 흡수가 빠르고 위의 **점막**을 보호하는 음식을 먹는 게 좋아요. 단호박, 찹쌀, 양배추, 브로콜리, 꿀, 우유 등 자극이 없고 위를 튼튼하게 하는 음식들을 먹어야 하죠.

토하고 나면 물을 충분히 마시는 게 좋아요. 몸속에 수분이 충분해야 몸이 정상으로 빨리 회복된답니다.

점막 위창자관, 기도와 같은 대롱 모양 구조의 속 공간을 덮고 있는 부드럽고 끈끈한 막을 통틀어 이르는 말.

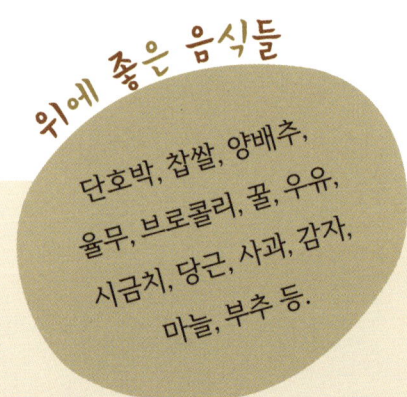

위에 좋은 음식들

단호박, 찹쌀, 양배추, 율무, 브로콜리, 꿀, 우유, 시금치, 당근, 사과, 감자, 마늘, 부추 등.

 목이 아파요 기관지염

숨을 쉴 때 코와 입으로 들어온 공기는 기도를 통해 폐로 들어가요. 그중 산소는 혈관을 따라 온몸을 돌며 쓰여요. 그리고 산소가 타면서 배출된 이산화탄소는 다시 폐로 돌아와 기도를 통해 몸 밖으로 나가지요.

그런데 숨을 쉬다 보면 공기 중에 떠다니는 바이러스나 박테리아가 몸속으로 들어와 기관지염을 일으키기도 해요. 기관지염은 바이러스와 박테리아 때문에 걸리는 병이에요.

기관지에 염증이 생기면 들숨이 건조하게 느껴져요. 숨을 쉴 때마다 기관지가 따끔거리고 아프지요. 그래서 숨 쉬는 것도 힘들어지고, 기침을 자주 하게 된답니다. 목에 있는 **성대**가 부어오르고, 열이 심하게 오르기도 해요.

유난히 기관지염에 잘 걸리는 아이들이 있어요. 몇 달 동안이나 앓기도 하지요. 이런 경우를 **만성** 기관지염이라고 해요.

성대 소리를 내거나 숨을 쉴 때 움직여 발성을 하거나 호흡할 수 있도록 하는 발성기관.
만성 긴 시간 동안 앓는 병으로 서서히 진행되고 잘 낫지 않는 성질.

 배가 살살 아파요 변비와 설사

우리는 매일 식사를 해요. 하지만 식사 중에 몸속에서 어떤 일이 벌어지는지 신경 쓰는 사람은 많지 않아요. 그저 배가 고프니까 밥을 먹고, 시간이 지나면 잊어버리지요. 하지만 우리 몸은 그때부터 부지런히 일을 해요.

예를 들어 간식으로 먹은 초콜릿 케이크가 몸속에서 어떻게 되는지 볼까요?

먼저 이가 입안에 들어온 케이크를 잘게 부수어요. 혀는 케이크를 이리저리 굴려서 골고루 씹히게 하지요. 이때 소화를 돕는 침이 나와서 케이크와 섞여요. 혀를 이용해 케이크를 꿀꺽 삼키면 케이크는 **식도**를 통해 위로 내려가요. 위는 음식물을 본격적으로 소화시키는 곳이에요. 이때 위와 췌장 등에서 **소화액**이 나와 소화를 돕지요.

케이크는 위와 십이지장에서 **지방**, **단백질**, 포도당, 그 밖의 작은 물질들로 나뉘는데, 음식물이 소화 기관에서 머무는 시간은 아주 길어요. 사람에 따라, 음식물의 종류와 양에 따라 조금씩 차이가 있지요. 그런 다음 초콜릿 케이크는 잘게 부서져서 소장으로 내려가요. 십이지장은 소장이 시작되는 곳이에요.

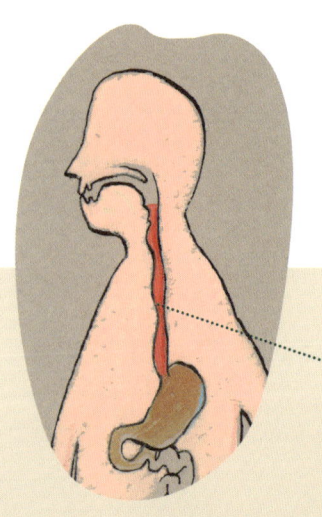

식도 입과 위를 연결하는 관. 식도를 통해 음식물이 위로 내려간다.
소화액 소화를 돕기 위해 침샘 등에서 나오는 액체. 침, 위액, 췌장액, 쓸개즙, 창자액 등이 있다.

배안에 있는 대장(큰창자)과 소장(작은창자)의 길이가 얼마나 되는지 알고 있나요? 다 합쳐서 4~5미터는 된답니다. 물론 우리 키보다 훨씬 긴 장이 배안에 그냥 들어가 있을 수는 없겠죠? 대장과 소장은 몸속에서 꼬불꼬불 접혀 있어요.

위에서 여러 영양분으로 쪼개진 음식물은 이 기나긴 길을 따라가면서 각각 필요한 곳에 쓰여요. 우리는 운동하고, 생각하고, 숨 쉬고, 자라는 데 이 영양분을 사용한답니다. 물론 잠을 잘 때도 영양분이 필요해요.

초콜릿 케이크는 소장과 대장을 지나면서 찌꺼기만 남게 되고 곧 몸 밖으로 나가요. 어떻게 나가냐고요? 화장실에 가기 전에 배가 살살 아파올 거예요. 그러면 휴지를 들고 화장실로 달려가서는 '끙' 하고 힘을 주면 돼요.

지방 단백질, 탄수화물과 함께 세 가지 주영양소 중 하나로 동물에서는 피부밑·근육·간 등에 저장된다. 에너지원이지만 몸무게가 느는 원인이 되기도 한다.

단백질 세포를 구성하고 생체 내 물질대사의 촉매 작용을 하여 생명 현상을 유지하는 물질로서, 사람의 3대 영양소 가운데 하나이다.

끙! 변비가 생겼어요

여러분은 매일 똥을 누나요? 하루에 두 번 이상 눌 때도 있다고요? 일주일에 한 번 정도 누는 사람은 없나요? 똥을 누는 횟수는 우리가 먹는 음식에 따라 달라요. 운동을 얼마나 하는지에 따라 다르기도 하고요. 어떤 친구들은 노느라 바빠서 화장실에 가고 싶은 걸 꾹 참기도 하지요.

변비는 똥이 **장**속에서 단단하게 굳어 잘 나오지 않는 거예요. 변비가 있으면 배가 아프고 기분도 썩 좋지 않아요. 배는 아픈데 똥은 나오지 않고, 화장실에 앉아 있는 시간도 길어요. 변비에 걸리지 않으려면 물을 충분히 마시고 평소에 채소와 과일을 자주 먹어야 해요. 그래야 똥이 장속에서 딱딱해지지 않으니까요.

만약 변비에 걸렸다면 물을 많이 마시고 운동도 충분히 해야 해요. 운동을 하면 몸속에 있는 대장을 자극하거든요. 대장이 운동을 시작하면 얼마 있지 않아 화장실에 가고 싶어질 거예요. 단, 화장실에 게임기나 만화책을 들고 가지는 마세요. 화장실에 너무 오래 앉아 있는 건 좋지 않거든요. 또 몸이 신호를 보낼 때 곧장 화장실로 달려가세요. 식사하고 나서 바로 화장실에 가도 좋아요. 음식을 먹을 때는 위뿐만 아니라 소장, 대장도 같이 움직이거든요. 변비 때문에 너무 힘이 들면 **좌약**을 이용할 수도 있어요. 하지만 이건 마지막 수단으로 남겨 두세요.

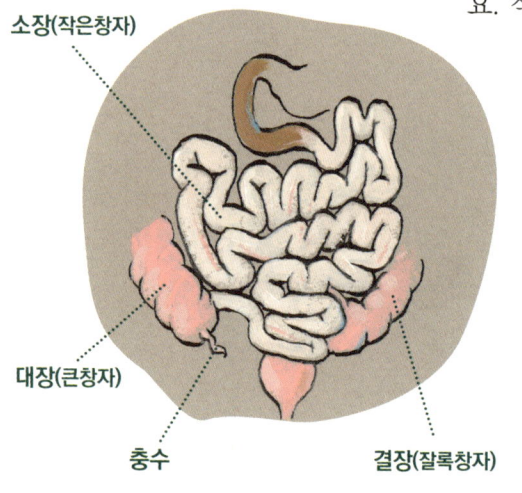

소장(작은창자)
대장(큰창자)
충수
결장(잘록창자)

변비 똥이 큰창자 속에 오래 맺혀 있고, 잘 누어지지 않는 병.
장 대장과 소장을 통틀어 이르는 말.
결장 잘록창자라고도 한다. 대부분의 척추동물이 갖고 있는 소화 기관의 마지막 부분으로 배변되기 앞서 똥에서 수분과 염분을 빼낸다.

좌약 항문에 끼워 넣어 체온이나 분비물로 녹인 뒤에 약효가 나타나게 만든 약. 대장에 직접 영향을 줘야 하므로 변비약은 대부분이 좌약이다.

설사 때문에 힘들어요

설사가 시작되면 배가 엄청 아파요. 설사는 바이러스나 박테리아 감염, 또는 **독소**가 있는 음식 등이 몸속으로 들어와서 일으킨 증세예요.

바이러스나 박테리아가 몸속에 들어오면 장의 벽에 염증이 생겨요. 그래서 음식물이 소화가 다 될 때까지 장에 편하게 머무르지 못한답니다. 불안해서 빨리 다음 장소로 내려가려고 하지요. 그러면 장의 근육이 빠르게 움직이게 되고, 그 때문에 배가 아프답니다. 음식물이 빨리 똥으로 만들어지기 때문에 화장실에도 자주 들락거리게 돼요. 설사는 평소에 나오는 똥보다 훨씬 묽어요. 심한 경우에는 걸쭉한 물처럼 쏟아 내기도 하지요.

설사하는 기간이 길어지면 중요한 영양분이 다 빠져나가기 때문에 가능하면 빨리 멎게 해야 해요. 설사로 탈수 증상이 나타날 수 있기 때문에 물, 보리차, **미음**, 이온 음료 등을 이용하여 수분을 충분히 섭취하는 게 중요하답니다.

식사는 한 번에 많이 먹는 것보다 소량씩 자주 먹는 것이 좋아요. 흰죽부터 시작해서 점차 일반 식사로 나아가는 데 가벼운 설사는 평소처럼 먹기도 해요.

설사가 낫기 시작하면 부드럽게 익힌 채소나 껍질을 깐 과일을 먹으면 장의 기능을 회복하는 데 도움이 돼요. 대부분의 설사는 하루 정도면 괜찮아져요. 하지만 이보다 더 길어지거나 설사에 피가 섞여 나온다면 병원에 가 보는 게 좋아요.

설사 묽은 변이 많이 배출되거나 자주 배출되는 증상 말하는데, 대부분 바이러스나 박테리아 감염, 또는 음식 속의 독소 때문에 생긴다.
독소 해로운 요소.
미음 입쌀이나 좁쌀에 물을 많이 붓고 푹 끓여 체에 걸러 낸 음식. 환자나 아기들이 먹기에 좋다.

설사를 빨리 멈추게 하는 방법

배나 위가 아프면 속을 편안하게 다스려 줄 수 있는 캐모마일 차를 마셔요. 캐모마일 차가 맛이 없다면 꿀을 한 스푼 넣어서 마셔 보세요. 녹차도 설사를 멎게 하는 데 좋아요. 따뜻한 차를 마시면 배안이 안정되고 긴장된 장 근육이 풀린답니다.

 글자를 못 읽어요 난독증

난독증은 글자를 제대로 읽거나 쓰기가 어려운 증세예요. 난독증 환자들은 지능이나 **시력**, **청력**이 모두 정상인데도 글자를 읽고 이해하는 데에 어려움이 있지요. 글자를 읽는다고 해도 다른 사람들보다 훨씬 더 많은 시간이 걸려요. 또 눈으로 읽은 글씨를 뇌에서 전혀 다른 뜻으로 해석한답니다. 글을 쓰고 읽는 데 필요한 문법도 제대로 이해하지 못해요. 그래서 다음과 같은 실수를 할 때가 많아요.

- 비슷하게 보이는 문자를 헷갈려 해요. 'ㄱ'과 'ㄴ' 등을 거꾸로 쓰지요.
- 글자의 순서를 거꾸로 써요. '주사기'를 '주기사'라고 쓰지요.
- 글자를 빠뜨려요. '주사기'라고 써야 하는데 '주기'라고 쓰지요.
- 글자를 더 써요. '주사기'라고 쓰지 않고 '주사사기'라고 써요.

난독증은 약을 먹어서 고칠 수는 없어요. 대신 글자를 읽거나 쓸 때 도움을 주는 기구들이 있어요. 하지만 난독증을 고칠 수 있는 가장 좋은 방법은 본인의 노력이에요.

난독증은 수천 년 전부터 있었지요. 몇 년 전에 한 이집트 학자가 이집트 사원을 조사하다가 아주 특이한 점 하나를 발견했어요. 벽면의 글씨가 뒤집혀 있었던 거죠! 그 사원을 지었던 **석공**이 바로 난독증을 가지고 있었던 거예요.

시력 물체의 존재나 형상을 인식하는 눈의 능력.
청력 귀로 소리를 듣는 힘.
석공 돌을 다루어 물건을 만드는 사람.

1916년에 난독증을 연구하던 한 학자는 난독증을 가진 어린이들이 읽기와 쓰기를 뺀 다른 학습에서는 지극히 정상이라는 사실을 밝혔어요. 다른 것을 배우는 데는 전혀 지장이 없다는 뜻이지요. 유명한 인물 중에 난독증을 앓았던 사람도 많아요. 윈스턴 처칠, 알베르트 아인슈타인, 한스 크리스티안 안데르센도 난독증을 앓았어요. 동화 작가 안데르센이 어릴 적에 난독증을 앓았다는 게 조금 놀랍지 않나요?

 피부가 가려워요 아토피 피부염

아토피 피부염을 앓고 있는 친구나 어른을 본 적 있나요? 꺼칠꺼칠하고 마른 피부에 빨간 **습진** 자국이 군데군데 있을 거예요. 아토피 피부염은 천식과 같은 알레르기성 질병이에요. 자기 몸에 맞지 않는 물질이 피부에 닿거나 몸속으로 들어왔을 때 백혈구들이 예민하게 반응해서 나타난 증세랍니다.

운동을 열심히 하거나 날씨가 더워지면 피부 속에 있는 땀샘에서 땀이 나와요. 땀샘은 피부를 항상 촉촉하게 만드는 역할을 하지요. 아토피 피부염은 이 땀샘이 제 역할을 해내지 못하기 때문에 생기는 거예요. 아기 때부터 아토피 증상이 나타나는 경우도 있어요. 볼이 새빨개지고, 때로는 갈색을 띠기도 하지요. 좀 더 자라면 온몸으로 번져서 손바닥이나 겨드랑이, 무릎, 발목, 허벅지, 얼굴, 목 등에 나타나요.

아토피는 민감한 신체 상태를 가진 사람들이 환경이나 스트레스로 인해 피부염과 같은 면역 아토피 반응이 촉진되는 복합적인 병이에요. 하지만 가장 큰 원인은 유전이라고 해요. 부모에게 아토피가 있으면 아이들도 있는 경우가 많거든요.

아토피 피부염이 있으면 조심해야 할 게 아주 많아요. 특히 음식물은 가려 먹고, 햇볕을 쬐는 건 좋지만 너무 오래 쬐는 건 피해야 해요. 또 약이나 연고, 로션 등을 꾸준히 발라 피부를 더 건강하게 만들어야 한답니다.

습진 여러 가지 자극으로 인해 피부에 일어나는 염증. 벌겋게 붓거나 우툴두툴하게 부르트고, 물집이나 딱지가 생기고, 피부가 꺼칠해지고, 심한 가려움을 느낀다.

살 때문에 힘들어요
비만과 저체중

점점 뚱뚱해져요

우리 몸은 에너지를 얻기 위해 늘 음식을 먹어야 해요. 뛰고, 걷고, 숨 쉬는 모든 것이 음식에서 에너지를 얻기에 가능하답니다. 음식은 크게 단백질, 지방, 탄수화물 등 몇 가지 기초 식품군으로 나뉘어요. 건강하려면 이 식품군들을 골고루 먹어야 해요.

몸속에 들어온 음식은 소화 과정을 거치면서 잘게 쪼개진 뒤 에너지로 만들어져요. 이 에너지는 **칼로리**라는 단위로 잰답니다. 그래서 음식을 많이 먹은 경우 '칼로리를 많이 섭취했다'라고 하지요. 음식은 무게와 질량, 식품군에 따라 칼로리가 저마다 달라요. 예를 들어 탄수화물이 많은 빵 한 개는 소화 과정도 길고 에너지로 변하기까지 긴 시간이 걸려요. 지방이 많은 버터 쿠키는 에너지로 빨리 바뀌어 쓰이지요. 사과에는 지방이 별로 없지만 에너지로 쓰이기까지 긴 시간이 걸리지는 않아요.

뛰고 걷는 모든 일상생활에서 우리는 칼로리를 사용해요. 그런데 필요한 양보다 더 많은 음식을 먹으면 살이 찐답니다. 음식들이 에너지로 바뀌어 다 쓰이지 않고 몸 구석구석에 쌓이는 거예요.

어른들은 살이 찌면 다이어트를 해요. 하지만 어린이들은 무작정 살을 빼기보다 자라면서 점점 정상 몸무게로 돌아가도록 노력하는 게 좋아요. 지나치게 다이어트를 하면 키가 제대로 자라지 않거든요.

칼로리 열량을 나타내는 단위. 라틴어로 '열'을 뜻하는 'calor'에서 유래했다.

비만은 당뇨나 심장병 같은 여러 가지 질병을 일으키기 때문에, 평소에 관리를 잘 해서 정상 몸무게를 유지하는 게 중요하답니다.

너무 말라도 문제?

유난히 깡마른 사람을 본 적이 있나요? 필요한 에너지보다 칼로리를 적게 섭취하면 살이 빠질 수밖에 없어요. 그다지 살이 찌지도 않았는데 일부러 살을 빼려고 하는 사람들이 있지요? 자신의 몸매에 만족하지 못하고 계속해서 몸무게를 줄이려고 다이어트를 하다 보면 건강을 해칠 수도 있어요. 늘씬한 몸매에 지나치게 집착하는 사람들은 병원에 가서 상담을 받아 봐야 해요. 건강도 해칠 뿐 아니라 정신적으로도 큰 문제가 있거든요. 정말 심한 경우에는 먹는 것 자체를 거부하는 거식증에 걸릴 수도 있어요. 이런 경우에는 병원에 입원해서 긴 관으로 영양분을 공급받으며 치료를 받아야 한답니다.

우리 몸은 늘 영양소가 풍부한 음식을 먹고, 적당한 운동을 해야 해요. 지나치게 많이 먹거나 적게 먹어서도 안 돼요. 스스로 생각하기에 잘 먹고 운동도 꾸준히 하는데도 너무 살이 오르거나 너무 살이 찌지 않는다면 병원을 찾아가 진찰을 받아 보세요.

유전 때문에 살이 심하게 찌거나 마를 수도 있어요. 평소 가족의 식사 습관도 비만에 많은 영향을 끼쳐요. 부모님이 지방이 많은 음식을 좋아하면 아이도 같은 음식들을 늘상 먹기 때문에 당연히 살이 찔 거예요. 반대로 부모님이 음식을 많이 먹지 않거나 운동을 좋아하면 아이도 비슷한 습관을 갖게 되겠죠?

겨울에 찾아오는 바이러스 독감

대개 사람들은 독감과 감기를 잘 구별하지 못해요. 좀 더 심하거나 그렇지 않은 것 정도로 구분할 뿐이죠. 하지만 독감과 감기의 원인은 전혀 달라요.

독감은 인플루엔자 바이러스 때문에 걸린답니다. 그에 비해 감기는 꽤 다양한 종류의 바이러스에 의해 걸려요. 독감 바이러스는 코나 목, 폐 등으로 침투하고, 감기와 비슷한 증세를 나타내요. 머리가 아프고, 열이 나고, 온몸이 쑤시고, 목이 부어서 아프고, 가래가 많이 생겨요. 독감은 약을 먹고 푹 쉬면 나아요.

독감 바이러스는 세계 곳곳에 퍼져 있어요. 또 종류가 다양해서 어디서 처음 나타났는지 파악하기도 어렵답니다. **변종** 바이러스들도 계속 발견되고 있어요. 최근에는 신종 인플루엔자가 전 세계에 퍼지면서 많은 사람들을 두려움에 빠뜨렸지요.

독감 바이러스의 이름은 처음 바이러스 증세가 나타난 곳의 이름을 따서 지어요. 1960년대에는 '**홍콩 독감**'이 크게 유행했어요. 새로운 독감이 어느 한 나라에서 나타나면 과학자들이 곧바로 그 병을 연구하기 시작해요. 그래서 전 세계로 퍼지기 전에 신속히 백신을 만든답니다.

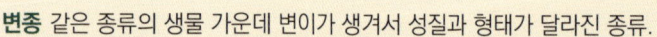

변종 같은 종류의 생물 가운데 변이가 생겨서 성질과 형태가 달라진 종류.
홍콩 독감 인플루엔자 바이러스로 발생하는 감염병. 1968년 홍콩에서 크게 유행해 홍콩 독감이라 불린다.

키다리와 난쟁이
큰 키와 작은 키

사람들은 부모로부터 물려받은 유전자나 자라난 환경 때문에 키가 제각기 달라요. 유전자가 무엇인지 잘 모르겠다고요? 남자와 여자가 만나서 아기를 만들면 정자와 난자가 합쳐져요. 이때 두 사람의 유전 정보가 조합되면서 태어날 아기의 새로운 유전 정보가 만들어져요.

마치 컴퓨터 **데이터**처럼 두 사람의 정보가 합쳐져서 아기의 유전자 정보가 되는 거예요. 따라서 아기는 엄마와 아빠의 특징을 골고루 물려받는답니다. 아빠를 닮아서 키가 크기도 하고, 엄마를 닮아서 손가락이 길기도 해요.

그런데 키가 유전자와 상관없이 너무 크거나 작아서 문제가 될 때가 있어요.

성장판에서 뼈세포들이 잘 만들어지는 사람은 키가 쑥쑥 자란답니다. 그리고 **성장호르몬**이 키에 영향을 끼치기도 해요. 키가 자라는 데 필요한 성장호르몬이 적게 분비되면 키가 잘 자라지 않고, 너무 많이 분비되면 키가 거인처럼 크지요. 너무 커도 문제가 되고, 너무 작아도 문제가 돼요.

이때는 병원에 가서 엑스레이를 찍어 뼈의 나이를 확인하고, 피를 뽑아 호르몬 검사 등을 하는 게 좋아요. 엑스레이 사진을 보면 키가 자라는 속도뿐만 아니라 앞으로 얼마나 자라게 될지를 예측할 수 있거든요. 너무 키가 크거나 작으면 성장호르몬 주사를 통해 성장을 자극하거나 막아야 해요. 하지만 이런 방법은 아주 작은 영향만 줄 뿐이에요. 어떤 사람들은 평생을 큰 키, 또는 작은 키로 살아가요.

데이터 컴퓨터가 처리할 수 있는 문자, 숫자, 소리, 그림 등의 형태로 된 정보.
성장판 성장기 어린이의 뼈에서 관절 부근이나 팔, 다리의 길이 성장을 담당하는 부위.

성장호르몬 신체의 성장, 발달 및 재생을 자극하는 호르몬으로 뇌의 아랫쪽에 위치한 뇌하수체 앞부분에서 분비된다. 소아기에 과잉일 때에는 거인증이 되고, 성인 이후에 과잉일 때에는 말단 비대증이 되며, 성장기 이전에 부족하면 소인증이 된다.

피가 멈추지 않아요 혈우병

　혈우병은 **유전병**이에요. 다른 말로는 '왕실병'이라고도 해요. 과거에 많은 왕족이 혈우병을 앓았기 때문이지요. 왕족들은 같은 왕족끼리 결혼하는 경우가 많아서 혈우병이 더 많이 유전되었답니다. 혈우병은 남자에게 많이 나타나요. 여성(XX)은 남성(XY)과 달리 X염색체가 두 개라서 응고인자의 결핍이 표현되지 않아요. 여성 염색체가 혈우병에 걸리지 않도록 막고 있기 때문이지요.

　몸에 상처가 나면 일차적으로 혈소판이 상처 부위로 출동해서 피를 멎게 하고, 이차적으로 응고 인자들이 피를 더 단단히 멎도록 해요. 하지만 혈우병 환자들은 **응고 인자**가 결핍되어 있어서 피가 잘 멈추지 않아요. 심지어는 피부 안쪽에서 피가 나 푸른 피멍이 생기기도 해요.

　혈우병 환자에게는 작은 상처라도 정말 위험해요. 과거에는 혈우병을 치료하기가 무척 힘이 들었어요. 특히 몸속에서 피가 나는 경우는 더욱 심각했지요. 바깥으로 보이지 않으면 왜 아픈지도 몰랐을 때니까요. 근육이나 혈관에서 피가 나면 합병증을 일으킬 위험도 커요. 가장 위험한 건 뇌에서 피가 날 때지요. 이런 경우에는 대부분 살아남지 못하고 숨을 거둘 수밖에 없었답니다.

　다행히 요즘에는 응고 인자가 들어 있는 좋은 약물이 만들어져 혈우병도 어느 정도 치료할 수 있게 됐어요. 혈우병 환자들은 치과에 가거나 크고 작은 수술을 받으려면, 먼저 응고 인자 약물이 섞인 피를 수혈 받아야 해요.

유전병 유전에 의하여 자손에게 전해지는 병을 통틀어 이르는 말. 색맹, 혈우병 등이 있다.

응고 인자 피를 멎도록 하는 과정에 관여하는 여러 가지 단백질 성분 인자를 가리킨다.

 쿵, 머리를 다쳤어요 뇌진탕

갑작스러운 사고로 머리를 다칠 때가 있어요. 다행히 사람의 뇌는 이런 경우를 대비해서 단단한 머리뼈 속에 들어 있답니다. 또 수막과 뇌척수액 등으로 둘러싸여 있어서 어느 정도의 충격은 견딜 수 있어요. 하지만 갑자기 큰 충격을 받으면 뇌진탕을 일으켜요. 때로는 혈관이 터져 피가 나기도 하지요.

머리에 무거운 물건이 떨어져서 큰 충격을 받게 되면 사람들은 대개 의식을 잃게 돼요. 기절을 하는 것이지요. 뇌진탕을 일으키면 기절에서 깨어나서도 무슨 일이 벌어졌는지 제대로 기억하지 못해요. 머리가 깨질 듯이 아프고, **중추 신경계**에 문제가 생겨 어지럼증을 느끼고, 금방이라도 토할 것 같지요.

뇌진탕을 일으키면 병원을 찾아가 꼼꼼히 진찰을 받아야 하는데, 병원에 가면 뇌의 상태를 살펴보기 위해 CT 촬영을 해요. 머리뼈 안에서 출혈이 있는지, 뇌는 안전한지 등을 알아보는 거예요. 또 불빛으로 눈동자를 살펴봐요. 눈동자가 빛에 대한 반사 반응을 잘하는지와 **뇌압**이 괜찮은지 보는 것이랍니다. 뇌압이 정상이면 빛을 비출 때 **동공**이 작아지고, 높을 때는 빛을 비추어도 동공이 풀린 듯 보여요. 상태가 괜찮으면 다음 날 퇴원해도 되지만 정상으로 회복될 때까지 심한 운동은 삼가야 해요.

중추 신경계 뇌와 척수로 구성되어 있으며, 몸의 각 부분의 기능을 통솔하고 자극을 전달한다.
뇌압 뇌 안에 있는 뇌척수액의 압력.

CT 몸의 횡단면을 촬영하여 각 방향에서의 상을 컴퓨터로 처리하는 의료 기기로, 일반 X-선 촬영보다 해상도가 좋고 3차원 영상으로 나타낸다.

동공 눈동자. 눈알의 한가운데에 있는, 빛이 들어가는 부분.

뇌에 염증이 생긴다고요? 수막염

사람의 뇌는 **수막**이라고 하는 막이 감싸고 있어요. 그리고 뇌와 수막 사이에는 뇌척수액이 담겨 있어 충격을 막거나 줄이지요. 그런데 이 수막에도 염증이 생길 수 있어요. 바로 **수막염**이랍니다.

수막염인지 알아보려면 뇌척수액 검사를 해야 해요. 척추뼈와 척추뼈 사이에 주사기를 찔러서 뇌척수액을 빼낸 뒤, 그 안에 수막염을 일으키는 박테리아나 바이러스가 있는지 검사를 한답니다.

수막염은 박테리아나 바이러스에 감염되어 생기는 병이에요. 코나 입을 통해 몸속에 들어온 박테리아와 바이러스가 잠시 잠복하고 있다가 코와 입속에서 가까운 수막으로 침투해서 염증을 일으키는 것이지요.

박테리아를 통해 수막염에 걸리면 머리와 목이 심하게 아파요. 또 열이 높기 때문에 꼭 병원에 가서 항생제를 처방받아야 해요. 수막염은 심각하면 목숨도 위태롭답니다. 박테리아가 다른 장기에까지 들어가 더 큰 질병을 일으킬 수 있거든요.

바이러스를 통한 수막염은 항바이러스 약으로 치료할 수 있어요.

수막 뇌와 척수를 둘러싸고 있는 세 층의 막. 바깥쪽부터 경질막, 거미막, 연질막이라고 한다.
수막염 수막에 생긴 염증. 열이 나며, 뇌척수액의 압력이 올라가기 때문에 심하게 머리가 아프고, 속이 메스껍고, 목이 뻣뻣해진다.

 콜록콜록, 기침이 나와요
기침

앞에서 숨이 어떻게 폐로 들어오고 나가는지를 배웠지요. 숨은 코와 입으로 들어와서 기도와 기관지를 통해 폐로 들어가요. 이때 숨이 기도나 후두를 자극하면 콜록콜록 기침이 나와요. 박테리아나 바이러스가 침입해서 병에 걸려도 기침을 하지요. 때로는 음식물이 식도 곁에 있는 기도 쪽으로 잘못 들어가는 바람에 기침을 하는 경우도 있어요. 그래야 기도로 잘못 들어간 음식물이 밖으로 나오니까요.

기도나 기관지, 후두에 염증이 생겼을 때는 기침을 자주 하게 돼요. 염증 때문에 목에 가래가 생기면 목이 건조해지고 쉴 새 없이 기침을 해요. 가래는 바이러스나 박테리아를 걸러 내느라 생긴 점액이고, 기침은 가래를 없애려는 작용이지요. 어떻게 보면 기침이나 가래는 우리 몸을 지키기 위한 장치라고도 할 수 있답니다.

때로는 목 안이 거칠어져 마른기침을 할 때도 있어요. 이때는 기침약을 먹어야 하는데, 약을 먹을 때도 조심해야 해요. 기침 때문에 약이 기도로 잘못 넘어가 숨을 못 쉬게 될 수도 있으니까요.

만약 기침을 하지 않는다면 바이러스가 곧장 폐로 들어와 폐렴에 걸릴 수도 있어요. 이때 가슴에 **청진기**를 대면 날카로운 소리가 들릴 거예요. 폐에 숨이 힘겹게 들어가고 나오는 소리지요. 기도에 염증이 심하면 **에어로졸**과 같은 약을 사용해야 해요.

에어로졸 스프레이 형태의 약. 밀폐된 용기에 약 성분의 가스가 들어 있다.

기침을 낫게 하는 법

먼저 신선한 공기를 자주 들이마셔야 해요. 신선한 산소가 많은 숲을 찾아도 좋아요. 목 안이 간지러울 때는 구강청정제 용액이나 깨끗한 소금물로 목을 헹구면 도움이 된답니다. 맛은 이상하지만 목 상태는 확실히 좋아져요.

청진기 몸속에서 나는 소리를 듣는 의료 기구. 1816년에 프랑스의 라에네크가 발명했다.

 꽃가루가 싫어요
꽃가루 알레르기

호흡 곤란을 일으키는 병으로는 천식만 있는 것이 아니랍니다. 봄철에 이유 없이 눈물이 흐르거나 콧물이 비 오듯 쏟아지면 **꽃가루 알레르기**를 의심해 봐야 해요. 봄이 되면 공기 중에 꽃가루나 먼지가 떠다니기 때문이지요.

공기 중에 날아다니던 꽃가루가 피부에 닿거나 코나 입을 통해 몸속으로 들어오면 알레르기 반응을 심하게 일으키는 사람들이 있어요. 재채기를 하거나 꽃가루를 씻어 내기 위해 쉴 새 없이 눈물을 흘리지요.

여러분에게 알레르기가 있는지 알아보려면 병원에서 간단히 알레르기 테스트를 해 보세요. 주사 바늘을 이용해 꽃가루, 약 성분, 음식물 등 각각의 물질을 팔에 조금씩 떨어뜨려 보는 거예요. 혈액을 뽑아 테스트를 할 수도 있어요. 만약 어느 한 물질에 알레르기가 있다면 살이 빨갛게 부어오르고 면역글로불린E와 같은 면역 물질이 늘어났을 거예요.

알레르기는 **면역 치료법**으로 치료하기도 해요. 알레르기 반응을 줄이기 위해 해당 물질을 몸에 조금씩 적응시키는 방법이지요. 처음에는 조금씩 적응시키다가 갈수록 그 양을 늘려서 완전히 적응하도록 만드는 거예요. 면역 치료법은 시간이 오래 걸리지만 아주 효과적이랍니다.

꽃가루 알레르기 꽃가루, 먼지 등에 반응하는 알레르기의 일종. 콧물이 나오고, 얼굴이 빨개지며, 시도 때도 없이 눈물이 흐른다.

면역 치료법 알레르기 반응을 줄이는 방법 중 하나. 몸이 알레르기를 일으키는 물질에 차츰 적응하게 만드는 방법. 시간이 흐를수록 알레르기 반응이 약해진다.

건강한 세포를 해쳐요 암

'암'은 영어로 'Cancer(캔서)'라고 해요. 'Cancer'는 원래 '게'라는 뜻이랍니다. 바닷가를 걷다가 옆으로 기어 다니는 게들을 본 적이 있을 거예요. 게는 많은 다리와 집게발을 가지고 좌우 어디로든 기어 다니지요. 암을 처음 발견하고 나서 이름을 'Cancer(게)'로 지은 것도 아마 게처럼 몸속 어디로든 퍼져 나가기 때문일 거예요.

우리 몸은 수백만 개나 되는 세포들로 이루어져 있어요. 세포들은 새로 태어나서 자라고, 열심히 일을 하다가 늙어 죽는 주기를 가진답니다. 그런데 가끔 주기와 상관없이 제멋대로 자라고 여기저기 퍼져 나가는 세포가 있어요. 그게 바로 암이에요. 처음에는 암에 걸려도 거의 알아챌 수가 없어요. 그러다 암세포가 퍼지면 몸이 쉽게 피곤해지면서 어디가 아픈 게 아닌가 생각하지요.

암세포가 처음 생겨서 만들어진 덩어리를 **악성 종양**이라고 해요. **양성 종양**도 덩어리이지만 정상 세포들이 만들기 때문에 치료가 쉬워요. 이 암세포들은 혈관을 타고 다른 곳으로도 이동해요. 그러다 어느 한곳에 자리를 잡고 또 다른 종양을 만들어 내지요. 암이 **전이**가 된 거예요.

암세포는 계속 자라고, 번식하고, 퍼져 나가요. 그래서 건강한 세포들을 하나씩 해치지요. 암세포의 위협을 받으면 몸속의 **장기**들은 제 기능을 할 수가 없어요. 만약 뼛속에 암이 자라면 뼈가 잘 자라지 못해요. 뼈 구조가 약해져서 쉽게 부러지기도 하지요. 또 위에 암이 자라면 음식을 제대로 소화할 수가 없답니다.

악성 종양 암세포가 만드는 덩어리로 신체 여러 부위로 확산하고 정상 세포의 성장을 방해하며 다른 기관으로 이동하기도 한다.
양성 종양 정상 세포들이 만들기 때문에 전이되지 않고 제거가 쉽다.

암은 대부분 약물을 이용한 **화학 요법**이나 방사능을 이용한 방사선 치료를 하게 되요. 그중 항암 치료제는 너무 독해서 몸이 견뎌 내기도 힘들고, 부작용도 있어요. 약이 독해서 암세포뿐만 아니라 건강한 세포도 죽이지요. 예를 들어 항암 치료를 하면 두피 세포나 위 세포가 죽어요. 그래서 머리카락이 뭉텅뭉텅 빠지거나 위 속에 있는 것들을 모두 토해 내지요. 하지만 너무 걱정하진 마세요. 치료가 끝나면 머리카락도 다시 자라고 위도 정상으로 돌아오니까요.

전이 자리나 위치 등을 다른 곳으로 옮기는 것.
장기 몸속의 기관들. 신장, 심장, 위 등.
화학 요법 화학적으로 가공되어 만들어진 의약품을 이용해 암 같은 병을 치료하는 방법.

항암 치료를 받는 동안에는 보통 사람들보다 바이러스에 감염되기 쉬워요. 그래서 암 환자들은 바이러스나 박테리아가 침투하지 못하는 무균실을 주로 이용한답니다.

어떤 암은 **방사선**으로 치료해요. 방사선은 눈으로는 볼 수 없는 광선이지만 효과가 아주 강해서 암세포를 죽이는 데 사용해요. 하지만 문제는 암세포 주변에 있는 건강한 세포들도 같이 죽는다는 거예요.

대개 종양은 수술을 해서 떼어내요. 그러고 나서 얼마 동안 약물 치료를 받아야 해요. 어떤 방식이든지 암 치료는 정말 견디기 힘들답니다. 그래서 치료를 받는 동안에는 몸에 좋은 음식을 많이 먹고 푹 쉬어야 해요. 가장 중요한 건 늘 즐거운 생각을 해야 한다는 거예요. 즐거운 생각을 하면 병을 치료하는 데 큰 효과가 있답니다.

사람은 나이가 들면 암에 걸릴 확률이 높아져요. 세포가 그동안 많이 분열해 왔고 늙어 피곤해져 있는 상태니까요. 물론 어린아이들도 암에 걸릴 수는 있어요.

방사선 방사성 원소가 쪼개지면서 방출되는 광선. 암을 치료할 때도 쓰인다. 프랑스의 물리학자 베크렐이 우라늄 화합물에서 발견했다.

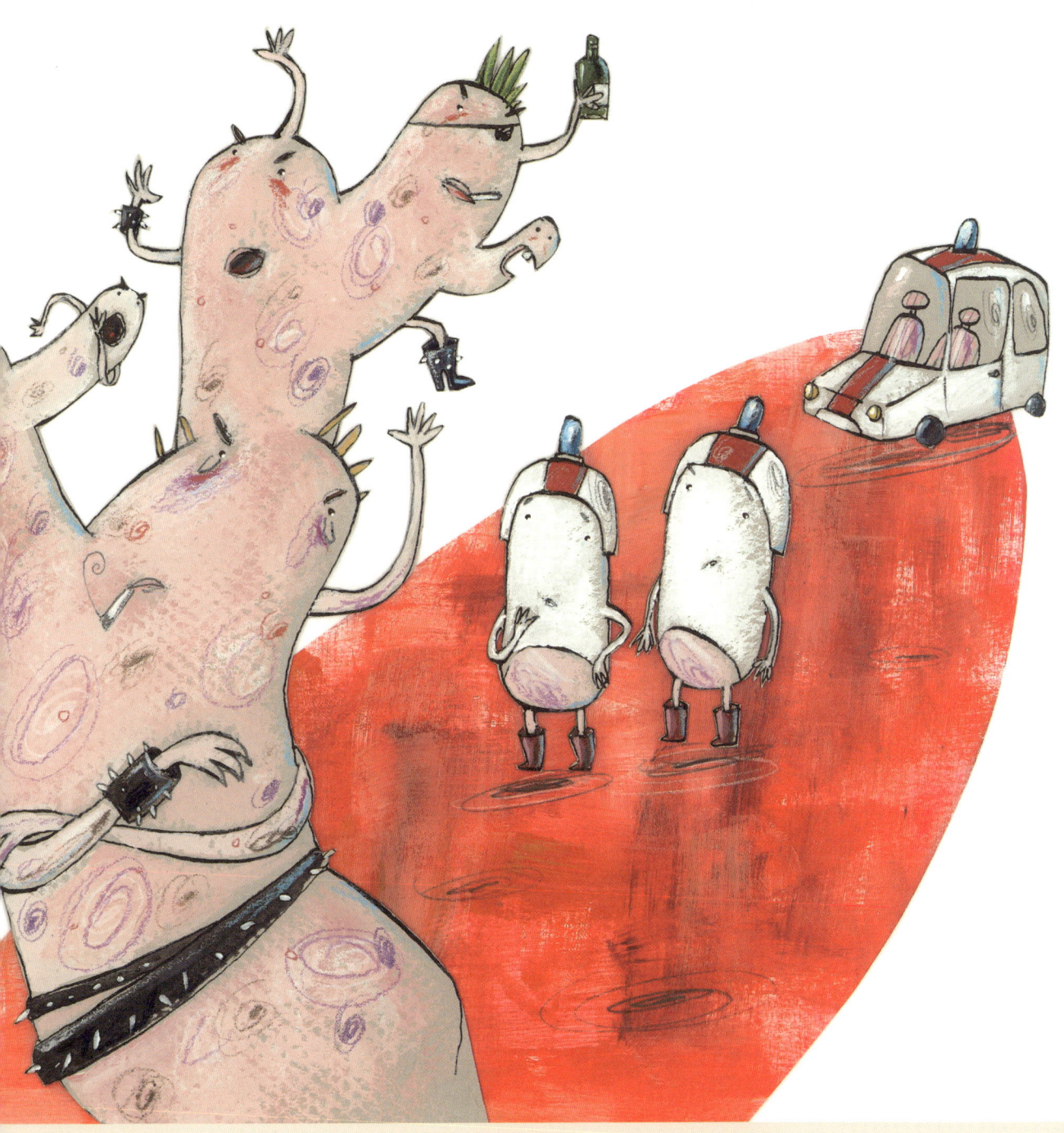

편도가 부었어요 편도염

편도는 목구멍이나 혀에 있는 **림프** 조직으로, 둥글고 작은 덩어리로 모여 있어요. 폐와 기관지를 보호하기 위해 박테리아와 싸우는 일등 파수꾼이라고 할 수 있지요.

편도에는 백혈구가 많아요. 그래서 박테리아가 목구멍 속으로 들어오면 침입자들에 맞서 힘껏 싸울 수 있지요. 때때로 전투가 너무 격렬하면 목이 부어오르고 열이 나요. 그러면 목구멍이 좁아지고 숨을 쉬기가 어렵답니다. 이것을 편도염이라고 해요. 편도염에 걸리면 편도가 일을 제대로 하지 못해요. 심한 경우에는 병원에 가서 부어오른 편도를 잘라 내야 하지요.

편도를 잘라 내면 누가 우리 몸을 지켜 주냐고요? 걱정 마세요. 코 안쪽에 '아데노이드'라는 다른 파수꾼이 있으니까요. 하지만 아데노이드도 감염이 되면 편도처럼 부어올라요. 또 너무 많이 부은 경우에는 코로 공기가 자유롭게 드나들 수가 없어요. 잠을 잘 때 코를 고는 건 바로 이 아데노이드가 크게 부풀어 있기 때문이랍니다. 아데노이드도 편도처럼 부어올랐다가 가라앉지 않으면 잘라 내야 해요.

수술이 끝나고 **마취**에서 깨어나면 목이 찢어질 듯이 아플 때가 있답니다. 이때는 차가운 얼음이나 물주머니를 수술 부위에 대고 있으면 도움이 돼요. 수술 부위의 붓기가 빨리 가라앉기 때문이지요.

림프 옅은 노란색을 띤 액체로 체액의 균형을 유지하며 조직에서 세균을 없앤다.
마취 약물을 이용하여 얼마 동안 의식이나 감각을 잃게 하는 것.

 100일 동안 앓아요 백일해

　백일해는 박테리아가 몸속으로 들어와 걸리는 병인데, 특히 어린 아기가 걸리면 아주 위험해요. 3~6세의 어린이들이 잘 걸리고, 겨울부터 봄에 걸쳐 퍼지는 전염성이 강한 병이에요. 병에 걸리면 낫기까지 100일 정도가 걸린다 하여 이름이 백일해랍니다. 백일해에 걸리면 심하게 기침을 하거나 토해요. 또 염증 때문에 목 안에 아주 끈적끈적한 가래가 생겨요. 이때는 물을 자주 마셔서 가래가 씻겨 내려가게 해야 하는데, 가래가 계속 있으면 다른 음식물을 삼키기 어렵기 때문이지요. 눈 흰자위가 새빨개질 수도 있어요.

　백일해를 일으키는 박테리아는 항생제로 물리칠 수 있어요. 백일해는 한 번 걸리고 나면 다시는 걸리지 않지만, 아주 드물게 또 걸리는 경우도 있답니다.

넘어져서 멍이 생겼어요 타박상

타박상은 무언가에 세게 부딪히거나 넘어졌을 때 생기는 상처예요. 예를 들어 걸어가다가 테이블에 쿵 부딪히면 그 부위에 파란 멍이 들지요? 그게 바로 타박상이에요. 어린아이들은 자주 타박상을 입는 편이에요. 부주의하고, 피부도 연약하기 때문이지요. 타박상을 입으면 피부 아래에 있는 실핏줄들이 터져서 혈관 밖으로 피가 나가게 되고, 그 주변이 파랗게 멍이 들어요. 멍이 드는 건 피에서 산소가 빠져나갔기 때문이랍니다. 다시 말하면 죽은 피가 된 거예요. 하지만 며칠이 지나면 멍은 점차 노란색으로 변해요. 죽은 피가 분해되어 없어지고 있다는 증거지요.

심한 경우에는 피부 아래쪽의 근육이 찢어졌거나 뼈가 부러졌을 수도 있어요. 이때는 상처 부위가 더 아프고 심하게 부어오르지요. 병원에서는 타박상 부위의 뼈가 부러졌거나 근육이 끊어졌다고 판단되면 엑스레이 사진을 찍거나 **초음파**로 검사를 한답니다. 타박상 부위에는 젤이나 연고 타입의 약을 바르고, 부어오른 부위에는 얼음찜질을 하면 좋아요. 그리고 상처가 난 부분은 건드리지 않도록 하고, 만약 **탈골**이 함께 되었다면 **깁스**나 보호대를 하지요. 어느 정도 시간이 흐르면 타박상은 완치가 되지만, 뼈가 부러졌다면 좀 더 오래 기다려야겠지요?

초음파 사람의 귀에 소리로 들리는 한계 주파수 이상의 음파. 음파 탐지기나 어군 탐지기, 살균 등에 사용하고, 우리 몸속을 들여다보는 데도 사용한다.
탈골 관절을 이루는 뼈마디, 연골 등이 정상적인 운동 범위를 벗어나 위치가 바뀌는 것.

깁스 석고 가루를 굳혀서 만든 붕대. 뼈가 부러졌거나 인대를 다쳤을 경우 상처가 난 곳을 고정시키기 위해 쓰인다.

 피가 아프다고요? 백혈병

백혈병은 우리 몸에 있는 피가 아픈 거예요. 더 자세히 말하면, 혈액을 만드는 골수가 아픈 것이지요. 혈액 세포인 백혈구와 적혈구도 머리카락이나 손톱처럼 자라요. 그리고 늙어서 기운이 없어지면 **지라**(비장)에서 파괴가 된답니다. 물론 그 자리는 골수에서 만든 새로운 혈액 세포가 대신하게 되지요. 새로 태어난 혈액 세포는 몇 단계 과정을 거쳐서 완전한 세포가 돼요. 보통은 이 과정들이 문제없이 진행되지만 몇몇 환자에게는 아주 힘겨운 과정이랍니다.

혈액은 적혈구, 백혈구, 혈소판 등과 같은 몇 가지 혈액 세포들로 이루어져 있어요. 백혈병은 완전히 자라지 못한 어린 백혈구들이 비정상적으로 늘어나는 병이에요. 갑자기 늘어난 어린 백혈구들은 어른 백혈구처럼 일을 하지는 못해요. 오히려 적혈구와 혈소판이 일하는 것을 방해하지요. 혈액 속에 아직 덜 자란 세포들만 있게 되면 몸은 비상경보가 내려진 상태나 다름없어요. 혈소판이 제 기능을 하지 못하기 때문에 몸에 상처가 났을 때도 피가 멈추지 않고 계속 나요. 또 적혈구가 산소를 온몸에 제대로 가져가지 못하기 때문에 쉽게 피곤해지고 어지럼증을 느껴요. 게다가 박테리아나 바이러스 등이 침투해도 백혈구가 제대로 싸울 수 없기 때문에 금방 병에 걸리지요.

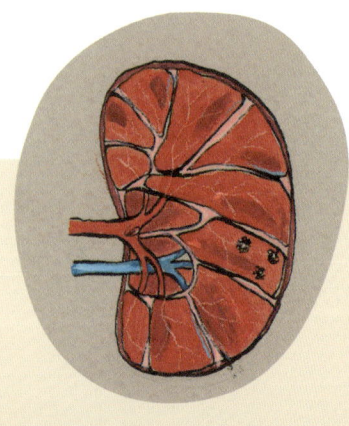

지라 위의 왼쪽이나 뒤쪽에 있으며, 림프구를 만들고 혈액을 저장하며, 오래된 적혈구나 백혈구를 걸러내고 혈액 속의 세균을 없애는 작용을 한다. 비장으로도 불린다.

병원에 가면 혈액과 골수를 뽑아서 자세히 검사를 해요. 이때 백혈병에 걸린 것을 알게 되면 그나마 다행이에요. 병이 더 심해지기 전에 약물을 써서 고칠 수 있으니까요. 백혈병을 치료하는 약물은 적혈구나 백혈구, 혈소판 등이 건강하게 자라게 도와줘요. 때로는 건강한 골수로부터 새로운 혈액 세포를 얻는 '골수 이식' 치료를 하기도 해요.

사실은 백혈병도 암처럼 심각한 병이랍니다. 오랫동안 치료를 받아야 하는 병이지요. 어떤 환자들은 불행하게도 병을 이겨 내지 못하고 죽기도 해요. 하지만 요즘은 **진단**과 치료 기술이 발달해서 훨씬 더 많은 사람들이 치료를 받고 건강하게 살고 있답니다.

진단 의사가 진찰과 검사 등을 통해 환자의 병 상태를 판단하는 일.

 장기가 제자리를 벗어났어요
탈장

몸속의 장기가 제자리에 있지 않고 빠져나오는 것을 **탈장**이라고 해요. 장기가 제자리에서 튀어나와 뼈나 다른 장기가 있는 곳으로 내려온다고 생각해 보세요. 원래 있던 부위가 부어오르거나 다른 부위를 눌러서 불편하게 하겠죠? 그래서 탈장이 되면 심한 통증을 느낀답니다.

아기일 때는 탈장이 되는 일이 종종 있어요. 하지만 꼭 수술을 할 필요는 없어요. 간단한 방법으로 장기를 원래 있던 자리로 돌려놓을 수 있거든요. 이때는 장기가 빠져나온 구멍도 아주 작은 편이에요. 하지만 장기가 제자리로 돌아가기 어렵다면 수술을 해야 해요. 장기를 제자리에 돌려놓고 구멍 난 부분을 수술용 바늘과 실로 꿰매야 하지요.

수술할 때는 통증을 못 느끼도록 마취를 하는데, 마취에서 깨어나면 약간 통증을 느낄 수도 있어요. 하지만 몇 시간 정도만 지나면 다 나아서 전처럼 움직일 수 있지요. 대개 탈장 수술은 회복이 빨라서 병원에 오래 입원해 있지 않아도 돼요. 어떤 경우에는 수술한 날 바로 집에 돌아갈 수도 있어요.

탈장 장기의 일부가 원래 있어야 할 장소에서 벗어난 상태로 내장 탈출증이라고도 한다.

폐에 염증이 생겼어요
폐렴

숨쉬기는 우리가 살아가는 데 정말로 중요한 활동이에요. 호흡 곤란에 빠지면 아주 위험해질 수 있거든요. 그만큼 숨을 쉬는 데 필요한 '폐'도 중요한 기관이랍니다. 폐가 무엇인지, 어디에 있는지는 알고 있나요? 폐는 가슴안의 양쪽에 있고, 숨이 들어가고 나가는 기관이에요.

폐에도 바이러스나 박테리아가 침입하여 염증을 일으킬 수 있어요. 이 병을 폐렴이라고 한답니다. 폐렴에 걸리면 심한 어지럼증을 느껴요. 폐에 염증이 보이고 높은 열이 나며, 기침을 심하게 하지요. 높은 열과 기침이 계속되면 머리도 아플 수 있어요.

병원에 가면 폐에 염증이 있는지를 알아보기 위해 가슴에 **청진기**를 대고 소리를 들어 봐요. 그리고 폐렴이 얼마나 심한지 더 자세히 알기 위해 **엑스레이**를 찍지요.

폐렴에 걸리면 숨을 편하게 쉬도록 **에어로졸** 같은 **호흡기**를 착용하거나 항생제를 처방받아 먹어야 해요. 집에서 잘 먹고 푹 쉬었는데도 폐렴이 낫지 않으면 병원에 가서 가느다란 주사 바늘로 연결된 링거 주사도 맞아야 하고요. 주사를 통해 약물을 혈관으로 바로 들여보내면 폐렴을 물리치는 데 빠른 효과가 있어요.

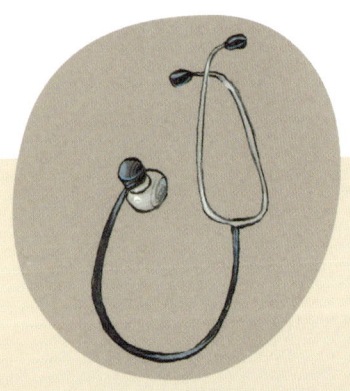

청진기 환자의 몸속에서 나는 소리를 듣는 의료 기구.
엑스레이 눈으로 볼 수 없는 몸속을 엑스선을 이용하여 찍는 사진. 몸속에 이물질이나 질병이 있는지 진단할 수 있다.

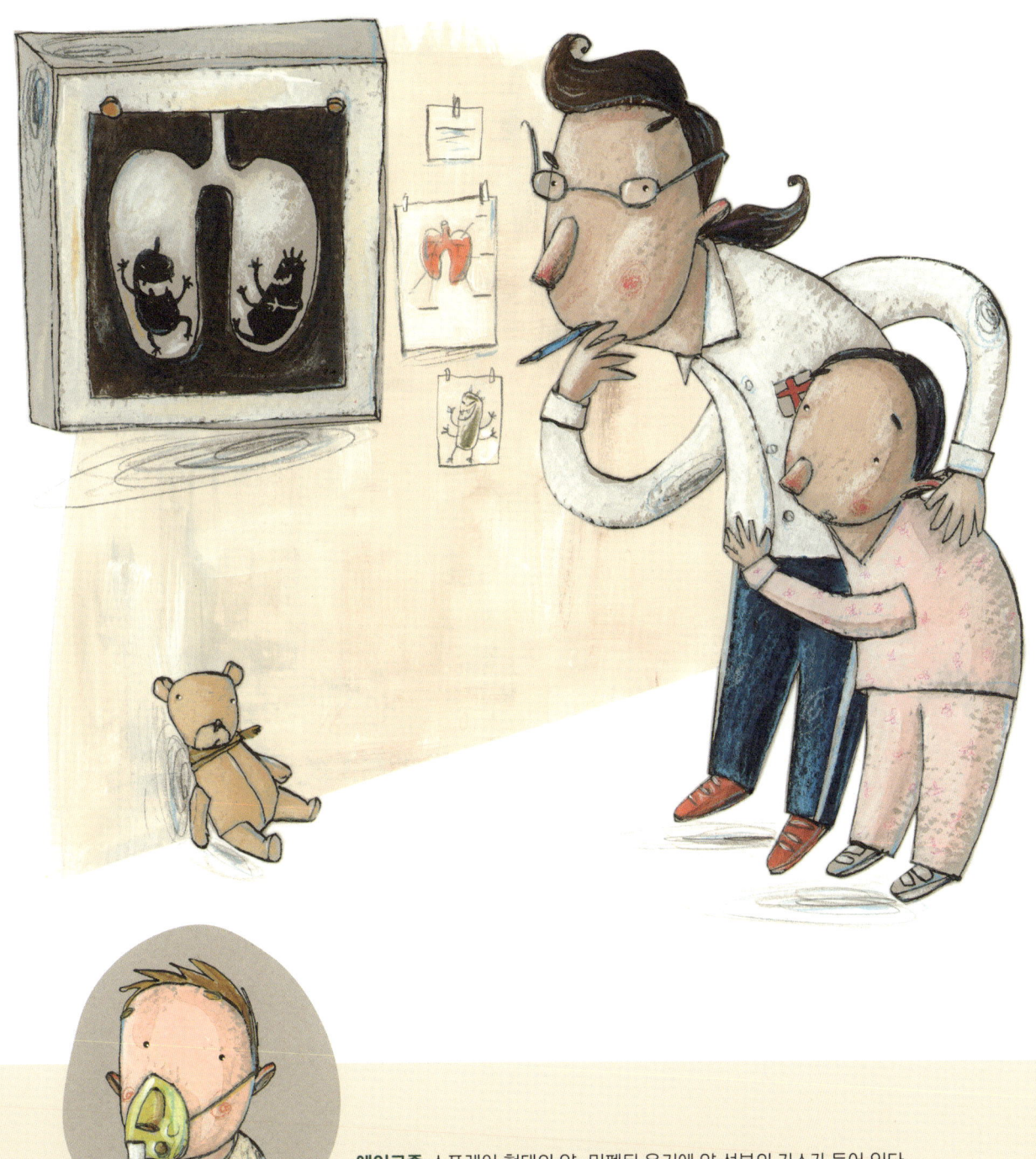

에어로졸 스프레이 형태의 약. 밀폐된 용기에 약 성분의 가스가 들어 있다.
호흡기 고압 산소, 압축 공기 등을 써서 숨 쉬는 것을 도와주는 장치.

바이러스로 옮겨 다녀요
홍역

어떤 병들은 **증세**가 비슷해서 얼른 구별이 되지 않아요. 홍역, 수두, 풍진도 마찬가지예요. 세 가지 다 몸이 피곤하고, 열이 나고, 기운을 떨어뜨리니까요. 또 온몸에 아주 작은 뾰루지와 열꽃, 빨간 반점 등이 돋고, 가려움을 느껴요. 하지만 가렵다고 몸을 벅벅 긁어서는 안 돼요. 자칫 흉터가 남을 수도 있거든요.

홍역에 걸리면 피부에 빨간 반점이 생기기 전부터 몸이 아프기 시작해요. 기침을 하고, 열이 나고, 결막염에 걸릴 수도 있어요. 그리고 귀 뒤쪽부터 시작해서 얼굴, 배, 등, 팔다리로 빨간 반점들이 번져 나가요.

홍역에 걸린 아이들은 대부분 높은 열에 시달리는데, 이때는 몸이 나을 때까지 무조건 푹 쉬어야 해요. 눈에도 염증이 생길 수 있기 때문에 가능하면 침실에 빛이 들어오지 못하게 막는 편이 좋아요.

홍역은 몸의 저항력을 떨어뜨리기 때문에 귀나 폐에 염증이 생길 가능성도 커요. 세균 감염의 합병증이 생겼다면 병원에서 처방해 주는 항생제를 먹기도 해요.

홍역과 수두, 풍진은 모두 바이러스로 인해 옮겨 다니는 병이에요. 이 병들은 백신으로 대부분 예방할 수 있어요. 그렇지만 예방을 하지 않아서 병에 걸린다면 집에서 푹 쉬는 게 좋아요. 몸이 병을 빨리 이겨 내고 회복될 수 있게 말이에요.

증세 병을 앓을 때 나타나는 여러 가지 상태나 모양.

간지러움을 없애는 법

피부가 간지러운 것은 이상이 생긴 세포들이 뇌에 신호를 보내기 때문이에요. 피부가 가려우면 우리는 딱 한 가지밖에 생각할 수 없어요. 바로 벅벅 긁는 것! 시원하게 긁고 나면 간지러움은 덜하지만, 문제가 완전히 해결되었다고는 볼 수 없어요. 게다가 피부를 세게 긁으면 피가 나고 감염이 될 수도 있어요. 몸이 간지러우면 살살 긁거나 간지러운 부위에 찬물을 대 보세요. 간지러운 게 조금은 없어질 거예요.

속이 메스꺼워요 구역질

속이 메스꺼워 자꾸 토할 것만 같은 증세를 **구역질**이라고 해요. 여러분도 한 번쯤은 경험이 있을 거예요. 구역질은 토하기 전의 증세라고 할 수 있어요. 너무 많이 먹거나 독성이 있는 음식을 잘못 먹었을 때 나타나는 증세지요. 몸이 스스로 정상으로 돌아가기 위해 노력하는 것이라고 볼 수 있어요.

바이러스나 박테리아 등에 감염되었을 때도 구역질을 해요. 때로는 설사를 같이 할 수도 있고요. 몸속 장기에 염증이 생겼을 때도 구역질을 하지요.

사람의 뇌에는 중추 신경계라는 게 있어요. 뇌와 소화 기관은 이 중추 신경계에서 뻗어 나온 신경으로 연결이 되어 있지요. 다시 말하자면 꼭 소화 기관에 문제가 있어야만 구역질을 하는 건 아니에요. 수막염이나 **뇌종양** 등 뇌에 이상이 생겼을 때, 심한 두통이나 어지러움을 느낄 때도 구역질을 한답니다. 심리적인 문제 때문에 구역질을 하는 경우도 있어요. 가령, 신경이 너무 날카롭거나 겁에 질렸을 때도 구역질을 하지요.

구역질 속이 메스꺼워 자꾸 토하려고 하는 짓.
뇌종양 뇌 조직에 생기는 종양을 통틀어 이르는 말. 머리뼈 안의 압력이 높아져서 두통, 구토, 경련, 발작 증상을 보인다.

 끈적끈적한 점막이 생겨요 낭포성 섬유증

낭포성 섬유증은 염소 수송을 담당하는 유전자에 이상이 있는 병이에요. 유전자 이상은 부모에게서 물려받는 경우가 흔한데, 이 병은 대부분 양쪽 부모에게서 이상이 있는 유전자를 하나씩 물려받은 경우에 생겨요. 이 병에 걸리면 땀샘이나 침샘, 위샘 등의 샘 조직에도 이상이 나타난답니다. 샘 조직은 우리 몸에서 매우 중요한 부분이에요.

- 땀샘: 땀을 내는 조직. 피부를 촉촉하게 하고 일정한 **체온**을 유지하게 한다.
- 침샘: 입안에 있는 샘 조직. 음식을 씹을 때 침을 내보내 소화가 잘 되게 한다.
- 위샘: 위에 들어온 음식물이 소화되도록 위액을 내보내는 샘 조직.
- 췌장액: **혈당**을 조절하기 위해 췌장에서 내보내는 소화 효소. 췌장관을 통해 샘 조직으로 보내진다.
- 가래샘: 기관지에 있는 샘 조직. 먼지나 바이러스, 박테리아 등이 몸속으로 들어오는 것을 걸러 준다.

낭포성 섬유증에 걸리면 몸속에 두껍고 끈적거리는 **점막**들이 많이 생겨나요. 그래서 위나 폐와 같은 장기가 제대로 일을 할 수 없어요. 소화도 힘들고, 감기처럼 기침을 많이 하고, 세균에 쉽게 감염이 되는데, 심할 때는 호흡 곤란을 일으키기도 해요.

체온 동물이나 사람이 가지고 있는 몸의 온도.
혈당 혈액 속에 포함되어 있는 당. 뇌와 적혈구의 에너지원이 된다.

낭포성 섬유증은 점액을 묽게 만들어 주는 약을 먹거나 물리치료로 좋아질 수 있어요. 요즘은 유전자 치료약이 개발되어서 도움을 받기도 한답니다.

점막 위창자관, 기도와 같은 대롱 모양 구조의 속 공간을 덮고 있는 부드럽고 끈끈한 막을 통틀어 이르는 말.

피부가 붓고 울긋불긋해요 두드러기

두드러기에는 두 가지 종류가 있어요. 첫 번째는 수영장이나 바닷가에서 피부에 좋지 않은 물질이 닿거나 벌레에 물렸을 때, 또는 햇빛에 피부가 오래 노출되었을 때 생기는 두드러기예요. 두 번째는 알레르기성 두드러기랍니다. 몸이 거부하는 어떤 음식을 먹었을 때나 특별한 재질의 천이 피부에 닿았을 때 **알레르기** 반응을 일으키면서 나타나는 두드러기지요.

두드러기는 면역 과정에서 나타나는 증세라고 할 수 있어요. 몸에 어떤 자극이 오면 우리 몸에 있는 **히스타민**이라는 물질이 분비돼요. 이 히스타민이 혈관 벽을 통과하면서 두드러기를 일으키는데, 보통 피부가 빨갛게 달아오르고, 붓고, 물집이 잡히지요. 따끔거리거나 심한 통증을 일으키는 경우도 있어요.

두드러기는 대부분 어느 정도 시간이 지나면 사라져요. 하지만 정도가 심해서 약을 바르거나 주사를 맞아야 할 때도 있답니다.

알레르기 몸속으로 들어온 어떤 물질 때문에 몸이 비정상적인 반응을 보이는 것.

히스타민 우리 몸속에 있는 전달 물질 중 하나. 단백질이 분해되면서 생긴 히스티딘에서 만들어지는데, 몸속에 지나치게 많이 있으면 알레르기 증상을 일으킨다.

귓속이 아파요 중이염

중이염은 아주 흔한 병이에요. 이 병은 코나 목구멍에 자리 잡은 박테리아 때문에 걸린답니다. 코와 목구멍, 귀 사이에는 유스타키오관이라는 아주 작은 관이 있는데, 우리 몸은 이 관을 통해서 바깥 공기의 압력과 몸속의 압력을 조절해요. 예를 들어 높은 산에 오를 때나 비행기에 탔을 때 갑자기 귀가 먹먹해질 때가 있지요? 바깥 압력과 몸속의 압력이 맞추어지지 않아서 그런 거예요. 이때는 코를 막고 입으로 숨을 크게 들이쉬면 유스타키오관이 열려져 먹먹한 게 사라져요.

그런데 이 유스타키오관을 통해서 코나 목구멍에 있던 박테리아가 귀 쪽으로 옮겨가 염증을 일으키는 경우가 있어요. 이것이 바로 중이염이랍니다. 특히 어린아이들은 유스타키오관이 짧기 때문에 중이염에 걸리기 쉬워요. 중이염에 걸리면 귀가 붓고 빨갛게 달아올라요. 또 열이 많이 오르고 통증을 느끼지요. 심한 경우에는 **고름**이 찰 수도 있어요.

의사 선생님들은 **귀보개**로 귓속을 들여다보며 진찰해요. 그런 뒤 귀에 넣는 물약을 처방해 주지요. 때로는 코에 넣는 약을 주기도 해요. 코와 귀는 서로 연결되어 있거든요. 통증이 심하면 항생제를 먹어야 해요. 나았다가 아프기를 반복한다면 수술로 귀에 찬 고름을 빼 줘야 한답니다.

중이염 가운데귀염. 고름 병원균 때문에 일어나는 가운데귀의 염증. 감기, 폐렴, 코나 목의 병 등으로 생기며, 고열과 심한 통증, 귀 울림 등의 증상이 나타난다.
고름 몸속에 병균이 들어가 염증을 일으켰을 때 피부나 조직이 썩어 생긴 걸쭉한 액체. 파괴된 백혈구나 세균 등이 들어 있다.

귀보개 귓속을 검사하는 데 쓰는 의료기.

 근육이 마비되는 병 소아마비

소아마비는 과거에 아이들이 많이 걸리던 병이에요. 다행히 요즘은 백신이 만들어져서 예방을 할 수 있게 됐지만, 가난한 나라에서는 아직도 많은 아이들이 소아마비에 걸려 고통 받고 있답니다.

소아마비는 뇌성 소아마비와 척수성 소아마비로 나뉘어요. 뇌성 소아마비는 뇌에 장애가 있어서 걸리는 병이에요. 태어나면서 부모에게 물려받거나, 후천적으로 걸릴 수 있지요. 척수성 소아마비는 **폴리오바이러스**에 감염되어 걸려요. 폴리오바이러스에 감염되면 처음에는 높은 열이 나고, 이어서 머리와 배가 아프고, 토하기까지 해요. 자칫하면 수막염에 걸릴 수도 있어요.

소아마비에 걸리면 근육이 마비돼요. 심한 경우에는 몸속의 장기들도 마비가 되지요. 장기들도 근육으로 이루어졌으니까요. 예를 들어 가로막이 마비되면 숨을 쉬는 게 힘들어져요. 과거에는 호흡 곤란으로 죽는 아이들도 있었답니다. 또 팔이나 다리에 마비가 와서 똑바로 걷지 못할 수도 있어요. 팔다리가 더 자라지 못해서 어린아이처럼 길이가 짧은 경우도 있는데, 그러면 소아마비가 나아도 평생 불편하게 살아야 하지요. 다행히 여러분은 대부분 아기 때 소아마비 예방 주사를 맞았을 거예요.

폴리오바이러스 소아마비의 병원체가 되는 바이러스. 알려진 바이러스 가운데 가장 작다.

차만 타면 속이 울렁울렁 멀미

사람들이 많은 차 안이나 비행기, 흔들리는 배 위에서 속이 메스꺼워 토한 경험이 있나요? 그게 바로 멀미예요. 어린아이들은 특히 멀미가 더 심해요. 아직은 외부의 가속도에 적응해서 중심을 잡기가 어렵기 때문이지요.

멀미가 생기는 과정을 한번 살펴볼까요? 자동차나 비행기, 배를 타면 주변의 모든 것에 **가속도**가 붙어요. 하지만 우리의 눈은 아직 가속도에 적응하지 못한 상태지요. 그 결과 뇌가 마치 전쟁이라도 난 것처럼 혼란을 느끼는데, 이때 구토와 메스꺼움, 어지럼증이 생기는 거예요.

만약 여행을 가다가 멀미를 느끼면 차창 밖의 먼 풍경을 바라보세요. 눈의 초점을 먼 곳에 두는 거예요. 아니면 가만히 누워서 뇌가 많이 흔들리지 않게 하세요. 멀미를 느낄 때는 식사를 과일이나 샐러드, 빵 등으로 가볍게 하는 게 좋아요. 어른들은 멀미약을 먹기도 하는데, 어린아이들에게는 그다지 좋지 않답니다.

멀미를 덜 느끼려면 흔들림이 적은 곳이 도움이 돼요. 배는 중앙, 버스는 앞자리, 비행기는 주 날개 위쪽 좌석에 앉고, 탄산음료나 아이스크림, 기름진 과자는 피하는 게 좋아요.

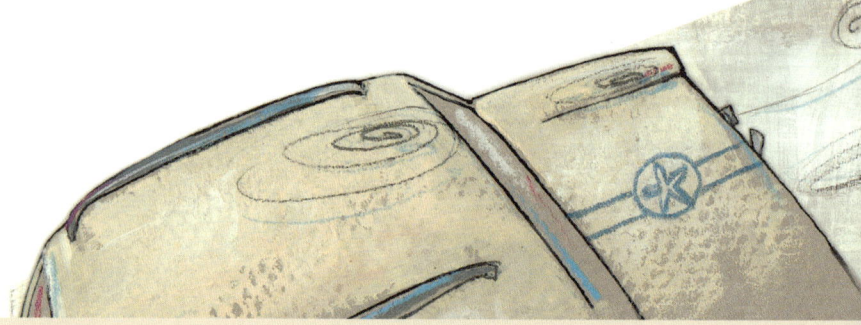

가속도 시간, 분, 초와 같은 단위 시간에 대한 속도의 변화 비율.

 림프샘이 부었어요 풍진

　풍진은 유행성 바이러스에 감염되어 걸리는 병이에요. 홍역이나 수두처럼 온몸에 빨간 **반점**들이 생기지요. 하지만 바이러스에 감염되어도 바로 나타나지 않고 14일에서 21일 정도 **잠복기**를 거친 뒤에야 증세가 나타나요.

　처음 증세도 감기처럼 시작해서 풍진이 아닌 줄 알아요. 하지만 곧 **림프샘**과 귀 뒤, 목 뒤가 부어오르는 등 풍진의 증세를 보인답니다. 풍진으로 생긴 빨간 반점들은 사흘 정도 지나면 자연적으로 사라져요. 풍진에 걸렸다고 해서 무조건 빨간 반점이 나타나는 건 아니에요. 어떤 사람은 림프샘이 붓고 열만 높게 오르거든요.

　풍진은 어느 정도 자란 아이나 어른은 괜찮지만, 아기를 임신한 여성이 걸리면 크게 위험할 수 있어요. 산모뿐만 아니라 배안에 있는 아기의 생명까지 위험하거든요. 따라서 임신을 하면 풍진에 걸리지 않도록 예방 주사를 미리 맞아야 해요.

　혈청 검사를 하면 몸속에 항체가 있는지 확인할 수 있어요. 만약 항체가 없다면 백신으로 예방을 해야 한답니다.

반점 홍역이나 수두 등에 걸렸을 때 피부에 퍼지는 울긋불긋한 점들로 피부 표면에 대개 원형이나 타원형으로 색깔 변화만 있는 것을 가리킨다.
잠복기 박테리아나 바이러스가 몸속에 들어와 증상을 나타내기까지의 기간. 병에 따라 기간이 다르다.

림프샘 림프관의 곳곳에 있는 둥근 콩 모양의 조직. 림프구가 분열하여 증식하는 곳으로 림프에 섞인 병원균이 옮겨 가는 것을 막는다.

혀가 딸기처럼 변했어요 성홍열

성홍열은 공기 중에 퍼져 있는 **연쇄상구균**에 감염되어서 걸리는 급성 전염병이에요. 온몸에 반점이 나타나고 갑자기 열이 올라 며칠 동안이나 내리지 않는답니다. 머리가 심하게 아프기도 해요. 또 혀가 더 붉어지고, 부어오르고, 끈끈한 **점액질**이 나와요. 의사들은 혀가 딸기 같다고 하여 '딸기혀'라고도 부른답니다. 목구멍에도 염증이 생기고 온몸에 빨간 점들이 나타나요. 겨드랑이부터 다리까지 새빨개질 때도 있어요. 그리고 일주일 정도 지나면 화상을 입은 것처럼 손바닥이나 발바닥의 피부가 벗겨져요.

대부분의 어린이 피부 **질환**처럼 성홍열도 박테리아가 일으킨 병이지만 항생제로 깨끗이 치료할 수 있어요. 그렇지만 제때 치료되지 않으면 심장이나 콩팥 같은 다른 장기에 **합병증**을 일으킬 수 있답니다.

연쇄상구균 사슬 모양으로 자라나고 배열을 하는 균의 한 무리.
점액질 차지고 끈적끈적한 성질. 또는 그런 물질.

질환 질병.
합병증 어떤 질병에 곁들여 일어나는 다른 질병.

 코가 답답해요 축농증

　코곁굴(부비동)은 머리뼈 속의 빈 공간을 말해요. 이곳에 염증이 생긴 것을 축농증이라고 하는데, 코곁굴염 또는 부비강염이라고도 하지요. 코곁굴은 공기로 가득 차 있고 코와 연결이 되어 있어요. 그래서 축농증에 걸리면 머리가 아프거나 코가 막혀 답답하지요. 코를 풀면 진하고 끈적끈적한 **콧물**이 나오고요. 축농증은 얼굴 **엑스레이** 사진을 찍어 보면 쉽게 발견할 수 있고, 약으로 치료할 수도 있어요.

코곁굴 머리뼈에 있는 공기 구멍. 위턱굴·이마굴 등이 있으며, 얇은 끈끈막으로 싸여 있다.
콧물 콧구멍에서 흘러나오는 액체.

엑스레이 눈으로 볼 수 없는 몸속을 엑스선을 이용하여 찍는 사진. 몸속에 이물질이나 질병이 있는지 진단할 수 있다.

 핏속에 당분이 많아요 당뇨병

우리 몸은 영양분이나 공기 중의 산소를 몸 이곳저곳으로 운반하여 사용하고, 배출하고, 다른 물질들과 맞바꿔요. 십이지장 근처에 있는 췌장은 그런 일을 하는 데 꼭 필요한 기관이에요. 췌장은 다음과 같은 중요한 일들을 한답니다.

첫째, 음식물을 분해하도록 효소를 내보내요. 음식물은 위에서 위액과 섞여 잘게 분해되는데, 이 과정에서 췌장과 다른 장기에서 내보낸 **효소**들이 위에서 함께 섞이지요. 이들은 음식을 잘게 분해해서 영양소 상태로 만든 뒤, 혈관을 통해 몸 구석구석으로 보내지요. 이렇게 옮겨지는 영양소에는 지방, 탄수화물, 단백질 등이 있고, 당분도 있어요. 당분은 효소가 음식물을 분해할 때 따로 걸러진 뒤, 혈액을 따라 온몸을 돌아요. 이때 혈액 속에 섞인 당분을 '혈당'이라고 한답니다.

둘째, 췌장에서는 **인슐린**을 내보내요. 인슐린은 우리 몸속에서 혈당을 조절하는 일을 해요. 혈당이 높아지면 인슐린은 혈액 속에 있던 포도당을 세포 안으로 들어가게 해서 혈당을 낮추지요. 만약 우리 몸에 인슐린이 없으면 어떻게 될까요? 혈당이 세포 안으로 들어갈 수 없기 때문에 조금만 밥을 먹어도 혈당이 급격히 높아질 거예요.

효소 몸속에서 행해지는 화학 반응을 돕는 단백질. 자신은 반응하지 않고 다른 물질의 반응 속도만 높인다.
인슐린 탄수화물 대사를 조절하는 호르몬 단백질. 췌장에서 분비되며, 혈당을 분해하는 작용을 한다.

췌장에서 인슐린이 조금밖에 분비되지 않으면 당뇨병에 걸려요. 당뇨병에 걸리면 혈당의 양이 급격히 많아지고, 오줌에도 당분이 많이 섞여 나와요. 다른 말로는 '혈당 수치'가 올라갔다고 하지요. 당뇨병은 나이 드신 어른들이 많이 걸리지만 어린아이나 아기들도 걸릴 수 있는 병이랍니다.

당뇨병에 걸려 인슐린이 적게 분비되면 혈당이 세포에 들어가지 못해 세포가 일을 할 수 없어요. 혈중에 쌓이는 당은 오줌으로 다 빠져나가 버려요. 그래서 시도 때도 없이 갈증을 느끼고 화장실도 자주 들락거리지요. 또 에너지가 부족하기 때문에 대체해서 쓸 것을 다른 데서 억지로 끌어와요. 바로 지방을 분해해서 얻는 **케톤**이랍니다. 하지만 케톤이 몸속에 너무 많아지면 몸이 산성으로 바뀌기 때문에 더 위험해요. 이렇게 되면 혈당이 더 오르고, 숨이 가빠져요. 입에서는 아세톤 냄새가 나고, 심장이 빨리 뛰지요. 이때 빨리 병원에 가지 않으면 의식을 잃고 죽을 수도 있어요.

인슐린이 얼마나 중요한지 이제 알았겠지요? 췌장에서 인슐린이 분비되지 않거나 부족하면 곧장 몸에 이상이 나타나요. 당뇨병에 걸린 사람은 하루에도 여러 번 혈당 수치를 확인해야 하는데, 방법은 비교적 간단해요. 손가락 끝을 찔러서 피를 특수 종이에 떨어뜨린 다음, 그것을 **혈당 측정기**에 꽂아 검사하면 되지요. 혈당 수치가 너무 높으면 병원에 가서 인슐린 주사를 맞아야 한답니다.

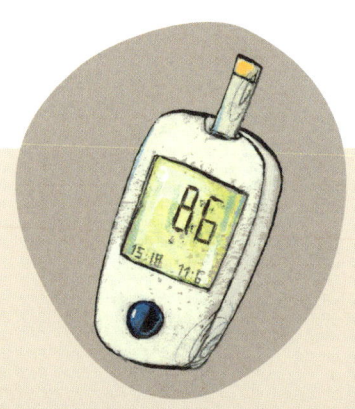

케톤 지방질이 분해되면서 얻어지는 물질.
혈당 측정기 혈액 속에 있는 당분의 수치를 측정하는 기계.

반대로 인슐린이 너무 많이 분비되어도 문제예요. 혈당 수치가 순식간에 떨어져 더 위험해지거든요. 이런 상태를 **저혈당**이라고 해요. 저혈당 상태가 되면 기분이 가라앉고 어지러움을 느끼며, 몸이 쉽게 피로해져요. 이때는 바나나, 콜라, 사과 주스처럼 당분이 많은 음식을 재빨리 섭취해야 해요. 혈당 수치가 심각하게 떨어지면 병원에 가서 포도당 주사를 맞아야 하지요.

혈당 수치는 너무 낮아도, 너무 높아도 좋지 않아요. 만약 오랫동안 당뇨병을 앓으면 신장이나 눈도 급격히 나빠져요. 당뇨병은 완전히 치료되기는 어려워요. 하지만 건강한 식생활을 하고 적절하게 인슐린을 공급해 준다면 정상적인 생활을 할 수 있답니다.

저혈당 몸속의 혈당 수치가 급격히 떨어진 상태.

 이가 아파요 충치

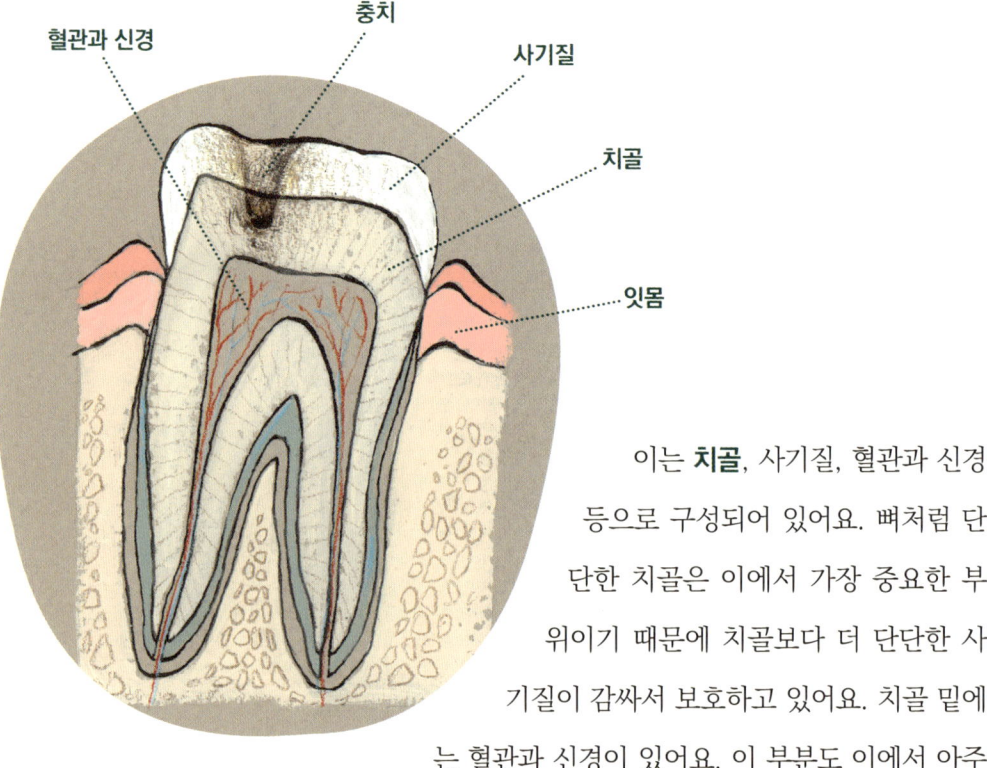

이는 **치골**, 사기질, 혈관과 신경 등으로 구성되어 있어요. 뼈처럼 단단한 치골은 이에서 가장 중요한 부위이기 때문에 치골보다 더 단단한 사기질이 감싸서 보호하고 있어요. 치골 밑에는 혈관과 신경이 있어요. 이 부분도 이에서 아주 중요한 부분이에요. 혈관을 통해 이가 영양분을 받거든요.

아기들은 이가 없는 채로 태어나요. 하지만 아기 때는 딱히 이가 필요하지 않죠. 엄마 젖을 먹거나 분유를 먹으니까요. 태어난 지 6개월쯤 되면 아기에게도 이가 나기 시작하는데, 다른 음식을 먹어야 할 때가 된 거죠. 이때 나는 이는 모두 합쳐서 20개고, '유치'라고 해요. 유치는 나중에 나는 영구치보다 크기가 작아요. 아이들이 초등학교에 들어갈 때쯤이면 유치가 차례로 빠지고 영구치가 나기 시작한답니다.

　이도 병에 걸려요. 충치나 치통이 이가 걸리는 대표적인 병이죠. 입안에는 원래 많은 박테리아가 살고 있어요. 단것을 먹고 이를 닦지 않으면 당분을 좋아하는 박테리아가 입안에 남아 있는 당분을 분해하지요. 이때 박테리아가 내뿜는 **산**이 이를 상하게 해요. 이런 상태가 계속되면 치골과 신경 부분까지 썩을 수 있어요. 이가 썩으면 우리는 통증을 느껴요. 하지만 통증을 느낄 때는 이미 이에 구멍이 나고 크게 상했을 때라는 걸 명심하세요.

　이는 평소에 잘 닦고 관리를 잘하면 건강하게 지킬 수 있어요. 하루에 두세 번은 꼬박꼬박 닦아야 하지요. 이가 썩어서 구멍이 났다면 얼른 치과에 가야 해요. 치과에 가면 썩은 부분을 치료하고 금이나 다른 보형물로 메워 줄 거예요.

　만약 이가 심하게 썩어서 어떻게 할 방법이 없다면 아예 이를 뽑아야 해요. 이렇게 치료를 받은 이는 예전처럼 건강하고 예쁜 상태로 돌아가기는 어려워요. 따라서 평소에 이를 건강하게 지키는 게 가장 중요하답니다.

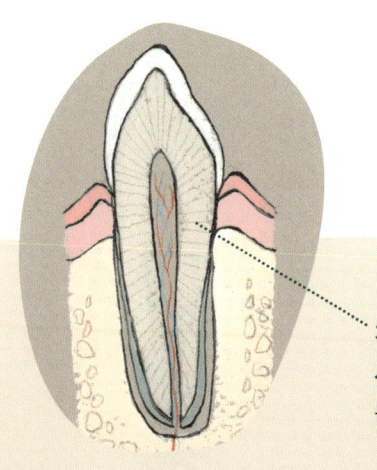

치골 이가 박혀 있는 위턱 아래턱의 구멍이 뚫린 뼈.
산 물에 녹았을 때 이온화하여 수소 이온을 만드는 물질. 물질을 녹이고 신맛이 난다.

온몸이 아파요 결핵

결핵은 결핵균에 감염되어 일어나는 전염병이에요. 아주 무서운 병이지요. **결핵균**은 폐를 아프게 해요. 심해지면 폐뿐 아니라 다른 장기에도 나쁜 영향을 끼치고요.

가난한 나라에는 어른, 아이 할 것 없이 결핵 환자들이 아주 많아요. 위생과 영양 상태가 좋지 않기 때문에 결핵뿐 아니라 다른 병에도 잘 걸려요.

결핵에 걸리면 처음 몇 주 동안 심하게 아파요. 계속 피곤하고 잠이 쏟아지지요. 긴장하거나 심한 운동을 하지 않았는데도 땀이 많이 나고, 몸무게가 줄고, 높은 열에 시달려요. 그리고 계속해서 심한 기침을 하지요.

결핵에 걸렸는지 알아보려면 혈액 검사를 하거나 폐를 엑스레이로 찍어 보면 돼요. 또는 팔 안쪽의 피부에 **투베르쿨린**을 주사해서 몇 시간 동안 상태를 지켜봐요. 나중에 그 부위가 빨갛게 부풀어 오르면서 커지면 결핵에 걸렸다는 걸 알 수 있죠. 결핵에 걸리면 다 나을 때까지 수개월 동안 여러 종류의 약을 먹어야 해요.

결핵균 1882년 로베르트 코흐가 처음으로 발견하였다. 코흐는 이 발견으로 1905년 노벨 생리의학상을 수상하였다. 결핵균은 저항력과 번식력이 강하여 전염성이 높으나 건조, 열, 햇빛에는 약하다.

투베르쿨린 결핵 감염을 진단하는 데 쓰는 용액.

크헝크헝 물개 울음소리가 나요
후두염

물개가 우는 소리를 들어 본 적이 있나요? **후두염**에 걸린 환자도 비슷한 소리를 내요. 후두염은 목 안쪽에 있는 **후두**에 염증이 생긴 병이에요. 후두염에 걸리면 마치 물개가 우는 것 같은 소리를 내지요. '크헝크헝, 크헝크헝!'

후두염은 어린아이들도 잘 걸리는 병이에요. 아직 목 안이 좁고 성대가 완전히 발달하지 않았기 때문이지요. 주로 침을 통해 후두염 바이러스가 들어와서 감염이 되는데, 보통은 항생제로 치료를 한답니다.

후두염에 걸리면 욕조에 뜨거운 물을 가득 받아 놓고 수증기를 쐬거나, 병원에 가서 처방을 받고 약을 먹는 게 좋아요. 후두염은 가볍게 지나가기도 하지만 심한 경우에는 후두가 부어서 숨을 쉬기 어려울 수도 있어요. 이럴 땐 꼭 병원에 가야 한답니다.

후두염 후두에 생기는 염증. 목이 쉬고 아프며 가래가 나온다.
후두 목의 중앙부에 위치하는 기관으로 호흡과 발성 기능을 수행한다.

 콧물이 자꾸 흘러요 코감기

코가 막히거나 쉴 새 없이 콧물이 나오는 건 대개 **감기**에 걸렸기 때문이에요. 코감기 바이러스는 몸속에 잠복하고 있다가 어느 순간 힘을 발휘해요.

코감기에 걸리면 콧물이 흐르고 열이 나요. 때로는 머리가 심하게 아프기도 하지요. 또 목이 따끔거리면서 아프고, 기침을 해요. 이때는 따뜻한 수증기를 쐬어 주는 게 좋아요. 감기 바이러스가 활동하면 몸의 **면역력**이 전체적으로 떨어져서 중이염이나 폐렴에 걸릴 확률이 높아요. 심한 경우에는 수막염으로 번지기도 한답니다.

가벼운 코감기는 대개 일주일 정도면 낫기 때문에 반드시 약을 먹을 필요는 없어요. 몸이 스스로 충분히 이겨 내고 회복할 수 있거든요. 하지만 쉴 새 없이 흐르는 콧물 때문에 잠을 자거나 숨을 쉬는 게 힘들 거예요. 그런 경우에는 콧물 약을 지어 먹어도 괜찮아요. 콧물 약은 콧속 혈관을 좁혀서 콧물이 덜 나오게 한답니다. 약 대신 **생리 식염수**로 코를 헹구는 것도 많은 도움이 돼요. 특히 갓난아기한테는 약보다는 식염수가 훨씬 안전하고 좋아요. 콧물 약을 많이 먹으면 콧속의 혈관이 점점 좁아진 답니다.

감기 주로 바이러스에 감염되어 걸리는 호흡기 계통의 병. 코가 막히거나 열이 나며, 머리가 아프다.
면역력 몸 바깥에서 들어온 병원균에 저항하는 힘.

생리 식염수 몸속에 있는 염분과 같은 농도로 만든 식염수. 주사용으로 쓰이며, 콘택트렌즈를 세척할 때도 많이 쓰인다.

 # 발목을 삐었다고요? 염좌

손목이나 발목을 삐어 본 적이 있나요? 젖은 바닥이나 물건을 밟고 잘못 미끄러지면 순식간에 손이나 발을 삐게 되지요. 평평하지 않은 길에서 발을 잘못 디디다 발을 삐기도 해요. 이것을 조금 어려운 말로 '염좌'라고 한답니다.

몸을 움직이려면 **근육**과 관절이 필요해요. 손목 마디, 발목, 무릎, 엉덩이 등에 있는 관절은 뼈와 뼈 사이를 연결해 주는 중요한 조직이에요. 뼈마디에 해당하는 관절에는 관절막이 감싸듯 둘러싸고 있고, 안쪽에는 부드러운 연골이 자리하고 있어요. 관절뼈 사이나 관절 주위에 있는 **인대**는 질긴 끈처럼 뼈와 뼈, 뼈와 근육을 연결하고 있고요. 그래서 인대는 관절을 도와 뼈가 다치지 않으면서 부드럽게 움직이게 해요. 또 손가락 등이 일정한 방향으로 움직이도록 버팀목이 되기도 하지요.

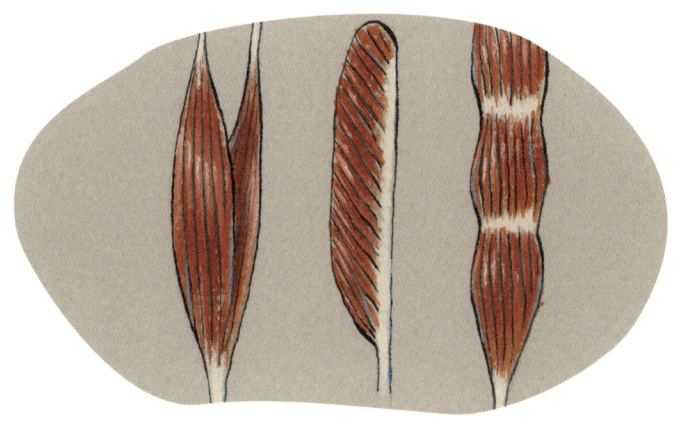 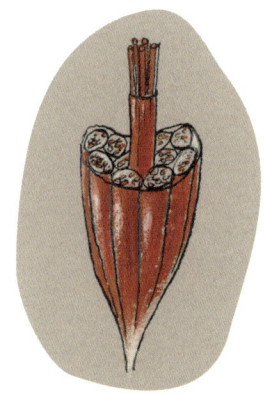

근육 단면   근섬유

근육 신체의 운동을 맡은 기관. 힘줄과 살을 통틀어 말한다.
근섬유 근육 조직을 구성하는 수축성을 가진 섬유상 세포. 골격근 섬유, 민무늬근 섬유, 심장 근육 섬유가 있다.

관절과 인대, 근육이 끊어지거나 상하는 것을 바로 염좌라고 해요. 이때는 삔 부위에 압박 붕대를 감거나 깁스를 해서 고정을 시킨답니다. 관절을 쉬게 해서 빨리 낫게 하려는 것이지요. 만약 그렇게 해도 다친 곳이 낫지 않을 때는 수술을 해야 해요.

인대 관절뼈 사이, 관절 주위에 있는 노끈이나 띠 모양의 결합 조직.

 몸에 붉은 점이 생겼어요 홍반

홍반은 피부가 붉게 변해서 홍색을 띠는 것을 말해요. 모양에 따라 원인이 다양하지만 바이러스 감염이나 약을 먹고 난 후 갑자기 생기기도 해요. 갓 태어난 아이들도 가끔 이 병에 걸린답니다. 볼이 빨개지고 군데군데 붉은 자국이 생기는데, 이것이 점점 팔다리로 번지지요. 온몸의 피부가 장밋빛처럼 붉게 변하기도 해요. 열도 약간 나지만, 열흘 정도 지나면 붉은 자국이 사라지면서 병이 나아요.

홍반 붉은 빛깔의 얼룩점.

바람을 타고 날아다녀요 수두

수두는 수두바이러스에 감염된 환자가 기침이나 재채기를 할 때 생긴 방울을 통해 감염될 수 있어요. 환자와 살이 닿았을 때도 전염될 수 있기 때문에 전염성이 매우 강해요. 수두에 걸리면 온몸에 붉은 반점이나 두드러기가 나타나요. 특히 머리 피부나 입안 **점막**에 더 심하게 나타나지요.

수두에 걸리면 침대에 가만히 누워 쉬는 것이 좋아요. 두드러기에는 물에 타서 바르는 약을 만들어 발라야 해요. 그러면 피부가 많이 상하지 않고 다시 매끈하게 나을 수 있으니까요. 열이 떨어지도록 **해열제**를 먹는 것도 좋아요.

수두에 걸렸다 나아도 몸속에 바이러스가 잠자고 있다가 나중에 다시 나타날 수 있어요. 하지만 이때는 **대상포진**이라는 병의 증세로 나타나지요.

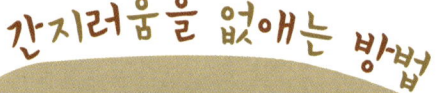
간지러움을 없애는 방법

우선 목욕물을 받아 놓고 욕조에 **녹말**을 한 스푼 넣어요. 녹말은 피부 위에 막을 만들기 때문에 피부를 보호해 준답니다. **보디 오일**도 도움이 돼요. 목욕할 때마다 녹말과 보디 오일을 사용해 보세요. 피부가 훨씬 더 매끈해질 거예요.

점막 위창자관, 기도와 같은 대롱 모양 기관의 속 공간을 덮고 있는 부드럽고 끈끈한 막.
해열제 체온 조절 중추(中樞)에 작용하여 병적으로 높아진 체온을 정상으로 내리게 하는 약.

대상포진 몸의 좌우 한쪽 신경이 포진 바이러스에 감염되어 생기는 병. 띠 헤르페스라고도 한다. 몸통, 얼굴에 나타나는 경우가 많으며, 붉은 반점 위에 좁쌀만 한 물집이 생긴다.

녹말 감자, 고구마, 물에 불린 녹두 등을 갈아서 가라앉힌 앙금을 말린 가루.

보디 오일 몸에 바르는 기름. 주로 목욕 후에 바른다.

 뿡뿡, 소리가 나요 방귀

　박테리아라고 해서 다 나쁜 건 아니에요. 이중에는 우리 몸에 좋은 것도 있어요. 장 속에 사는 어떤 박테리아는 몸속에 들어온 음식물의 소화를 도와주니까요.
　야채나 과일 같은 **섬유소**가 많은 음식을 먹으면 **장운동**이 활발해져요. 섬유소가 장 속에 사는 박테리아들을 자극하거든요. 이들 박테리아는 몸속에 들어온 섬유소를 분해하면서 **메탄**과 **수증기**를 만들어요. 몸속에서 만들어진 가스와 물이 오랫동안 몸 밖으로 빠져나가지 못하면 진한 **암모니아** 냄새를 풍기고, 배를 빵빵하게 만들지요. 당연히 점점 배가 아파 오겠죠? 당장 화장실에 가고 싶을 때도 있어요. 아니면 진한 암모니아 냄새를 내뿜으면서 '뽕' 하고 시원하게 방귀를 뀔 거예요.

섬유소 셀룰로오스. 탄수화물 종류 중 다당류. 식물성 음식에 많이 들어 있으며 배설이 원활하게 이루어지도록 도와준다.
장운동 창자의 소화 작용으로 일어나는 운동. 위에서 소화된 음식을 샘창자와 대장으로 보내는 일을 말한다.

메탄 방귀 속에 포함된 기체 중 하나. 물에 녹지 않으며, 공기 속에서 불을 붙이면 파란 불꽃을 내면서 탄다.
수증기 기체 상태로 되어 있는 물.
암모니아 질소와 수소의 화합물. 자극적인 냄새가 나는 무색의 기체로 물에 잘 녹고 액화하기 쉽다.

 온몸에 장미꽃이 피었어요
돌발진

어린이들이 앓는 병에는 열이 나고 피부에 두드러기나 반점이 나타나는 병이 많아요. **돌발진**이라는 병에 대해 들어 본 적이 있나요? 돌발진도 어린아이들이 많이 걸리는 병이에요. 장미진이라고도 하는데, 이 병에 걸리면 사흘 동안 높은 열에 시달리고, 토하거나 경련을 일으키기도 해요. 열이 내리면 몸에 장미처럼 붉은 자국들이 생기지요. 붉은 자국은 사흘쯤 지나면 저절로 사라진답니다.

돌발진 바이러스 감염 때문에 생기는 질환. 돌발진 치료에서 가장 중요한 것은 고열에 의한 경련을 예방하는 것이다.

앗, 뜨거워! 화상

사람의 피부는 어느 정도의 열은 견딜 수 있어요. 하지만 너무 뜨거운 액체나 물건을 만지면 화상을 입게 돼요. 뜨거운 햇볕을 너무 오래 쬐어도 화상을 입지요. 물론 사람마다 견디는 정도가 약간씩 다르답니다. 피부 타입에 따라 햇볕에 화상을 쉽게 입는 사람이 있고, 그렇지 않은 사람이 있어요. 예를 들어 백인은 흑인보다 피부가 훨씬 예민하고 햇볕에 잘 타지요.

피부는 두꺼운 **외피**와 내피, 피하 지방 등으로 이루어져 있는데, 햇빛이 피부에 닿으면 외피에서 **멜라닌**이라는 색소가 만들어져요. 피부가 햇볕에 타서 까맣게 되는 것은 이 멜라닌 색소 때문이에요.

처음에는 피부가 그냥 빨갛게 변할 뿐이에요. 그러다 외피에 작고 빨간 반점들이 생기지요. 피부가 더 이상 열기를 견디지 못하면 화상을 입게 돼요. 화상을 입은 부위에는 통증이 있는데, 며칠 지나면 그 부위의 피부가 벗겨지고 새 살이 생겨요.

화상을 입은 정도가 심하면 피부 세포들이 손상되고 참을 수 없을 만큼 아파요. 그리고 뇌로 응급 신호가 전해져 백혈구들이 상처 부위로 급히 출동하지요. 정말 심각한 화상을 입으면 피부 속 신경까지 파괴될 수 있답니다.

외피 동물의 겉가죽이나 몸속의 기관들을 싸고 있는 세포층을 통틀어 이르는 말.
멜라닌 동물의 조직에 있는 검은색이나 흑갈색의 색소. 양에 따라 피부나 머리카락, 눈동자의 색깔이 결정된다.

자외선으로부터 피부를 보호해요

태양은 쉴 새 없이 지구로 다양한 광선을 쏘아 보내고 있어요. 이중 피부에 위험한 태양 광선은 자외선이에요. 구름이 낀 날에도 자외선은 피부를 위협한답니다. 화상을 입을 수도 있고 피부에 다른 문제가 생길 수도 있어요. 심한 경우에는 피부암에 걸릴 수도 있고요.

자외선으로부터 피부를 보호하기 위해 사람들은 **자외선 차단제**를 발라요. 자외선 차단제를 살 때는 SPF(sun protection factor)라는 자외선 차단 **지수**를 꼭 확인해야 해요. 자외선에는 A와 B가 있는데, 자외선 A는 주름을 만들거나 피부를 늙게 만들고, 자외선 B는 피부가 붉게 달아오르거나 까맣게 타게 만들어요. SPF는 자외선 B를 차단하는 지수예요. 대개 우리가 사용하는 자외선 차단제는 10에서 30정도예요. 10은 자외선 차단제를 발랐을 때 피부가 빨개지는 양이 자외선 차단제를 바르지 않았을 때보다 1/10로 감소하고, 30이라면 1/30로 감소한다는 뜻이에요. 따라서 그 이상 바깥에서 활동하려면 자외선 차단제를 덧발라 주는 것이 좋아요. 물속에 들어가거나 땀을 많이 흘려도 자외선 차단제가 지워질 수 있기 때문에 자외선 차단제를 덧발라 주어야 해요.

햇빛이 강하게 내리쬐는 날은 자외선이 피부에 직접 닿지 않게 조심해야 해요. 가능하면 모자나 양산을 쓰고 다니세요. 하지만 햇빛이 너무 강하면 그늘진 곳이나 실내에 있는 것이 더 좋겠지요?

자외선 차단제 선크림. 자외선으로부터 피부를 보호하고 햇볕에 그을리는 것을 방지하기 위해 바르는 크림이다.

지수 어떤 것을 나타내는 단위.

마음이 아플 때는 어떻게 하죠?

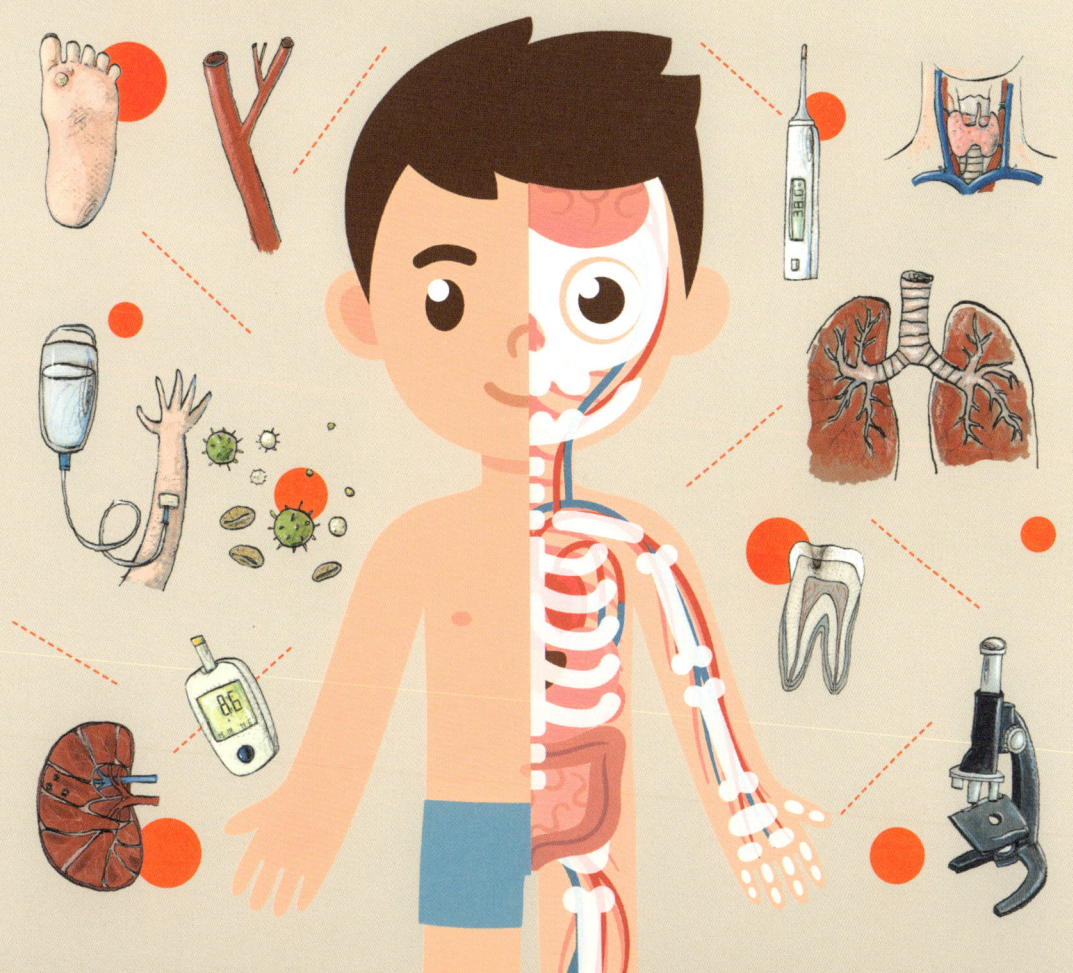

마음이 아파요

우리 몸을 이루고 있는 것에는 무엇 무엇이 있을까요? 뼈, 팔, 다리, 수십 리터에 달하는 혈액, 심장이나 위 같은 장기들……. 그런데 마음은 심장처럼 몸속에 있는 장기가 아니에요. 사실 어느 누구도 마음이 어디에, 어떤 모양으로 있는지 정확히는 몰라요. 하지만 그것 없이는 살 수 없다는 걸 모두가 알고 있어요.

우리는 마음을 통해 여러 가지 감정을 느껴요. 슬픔, 기쁨, 흥분, 분노, 좌절, 사랑 등. 마음은 우리가 뭘 어떻게 해야 하는지 가르쳐 주고, 하고 싶은 게 뭔지도 알려 주지요. 듣고 싶은 음악을 듣고, 좋아하는 옷을 입고, 컴퓨터 게임을 하는 것처럼 말이에요. 물론 하기 싫은 일이 뭔지도 가르쳐 줘요. 또 멀리 나가 계신 부모님이 보고 싶다든지, 형이랑 더는 이야기하고 싶지 않다든지, 크리스마스가 다가와서 기쁘다든지 하는 모든 생각들도 마음에서 나온답니다. 스파게티를 먹고 싶다든지, 물을 마시고 싶다든지 하는 신체적인 요구들도 마음의 지배를 받아요.

하지만 마음도 병에 걸릴 수 있어요. 누군가를 잃은 **상실감**이나 무언가 견딜 수 없는 압박감, **스트레스** 등을 겪으면 마음이 아프답니다. 마음이 병들면 여러 가지 현상이 나타나요. 밥맛이 뚝 떨어지거나, 반대로 너무 많이 먹어서 살이 찌지요. 너무 슬퍼서 평소에 좋아하는 것들이 전부 싫어지고, 잠도 오지 않아요.

어떤 경우에는 마음이 아픈 게 몸으로 나타나기도 해요. 갑자기 몸 이곳저곳이 아프거나 어른인데도 자다가 오줌을 쌀 수 있어요. 이런 증상이 나타나면 의사 선생님이

상실감 무엇인가를 잃어버린 후의 느낌이나 감정 상태.
스트레스 적응하기 어려운 환경에 처할 때 느끼는 심리적이고 신체적인 긴장 상태. 오래 계속되면 심장병, 위궤양, 고혈압 등의 병을 일으키기도 하고, 불면증이나 우울증 같은 마음의 병을 만들기도 한다.

나 **심리 치료사**를 찾아가 상담해 보세요. 이들은 마음에 대해 잘 알고 있기 때문에, 고민을 잘 들어주고, 여러 가지 방법을 이용해서 마음의 병을 치료할 수 있답니다.

심리 치료사 마음의 병을 고치는 사람.

겁이 날 때

사람은 누구나 어느 정도의 **공포감**은 지니고 있어요. 그건 어른들도 마찬가지예요. 공포는 무언가 알 수 없는 것이나 두려운 것에 대한 자연스러운 반응이에요.

겁을 느끼는 순간은 마치 어둡고 좁은 터널을 지날 때와 같아요. 언제 끝날지 알 수 없는 캄캄한 터널 말이에요. 그래서 겁을 먹으면 사람들은 **공황 상태**에 빠져요. 심장 박동이 빨라지고 온몸으로 두려움을 느끼지요. 때로는 숨을 쉬는 것조차 어려워질 수 있어요. 그리고 한번 공포를 느끼게 되면 다음에도 그런 일이 계속 반복되지요.

하지만 공포를 느끼는 게 꼭 나쁜 것만은 아니에요. 무언가 좋지 않은 상황이 닥칠 때 몸이 먼저 느끼고 신호를 줄 때도 있으니까요. 예를 들어 길을 걷다가 갑자기 찬 기운이 들면 얼른 주위를 살펴보세요. 자전거가 오거나 뭔가 다른 위험한 일이 다가오고 있다는 신호일 수 있으니까요.

밤에 자다가 갑자기 겁이 날 때도 있지요? 그때는 일어나서 주의를 환기시킬 만한 것이 있나 보세요. 텔레비전을 잠시 틀어서 보는 것도 좋아요.

공포를 없애는 가장 좋은 치료 방법은 다른 사람들과 그것에 대해 말하는 거예요. 혼자보다 여럿이 함께하면 이유나 **해결책**을 찾기가 훨씬 쉽거든요. 또 다른 사람에게 털어놓는 것만으로도 공포감이 덜어질 수 있어요.

공포감 두렵고 무서운 느낌이나 기분.
공황 상태 특별한 이유 없이 두려움이나 공포로 정신이 갑자기 불안해진 상태. 심장이 터질 듯하고 땀이 비 오듯 쏟아진다.
해결책 어떠한 일이나 문제들을 해결하기 위한 방책.

 우울증이 있을 때

갑자기 이유 없이 슬프거나 우울한 느낌을 가진 적이 있나요? 누구나 한 번쯤은 그런 기분을 느껴 봤을 거예요. 어른도 그렇고, 아이들도 그렇지요. 그럴 때면 마음이 조금 아파요. 그래서 누군가가 함께 있어 주길 바라지요. 누군가의 작은 위로가 큰 힘이 될 때도 있어요. 때로는 너무 슬퍼서 아무것도 못할 때가 있답니다. 잠을 설치고 하루 종일 기분이 우울해 있지요. 아무도 자신을 사랑하지 않는다는 생각까지 들어요. 하지만 이 정도는 진짜 병이 아니에요. 진짜 심각한 것은 **우울증**이랍니다.

우울증에 걸린 사람은 몇 날 며칠 계속해서 슬퍼하고 우울하게 지내거든요. 정신을 무겁게 사로잡고 있는 이런 슬픈 감정은 때때로 비극적인 결과를 낳기도 해요.

가장 큰 문제는 우울증에 걸린 사람 스스로 자신이 왜 우울한지를 잘 모른다는 점이에요. 우울증은 시간이 갈수록 더 심해져요. 그리고 결국에는 주위의 도움이 없으면 견딜 수가 없게 된답니다.

우울증에 걸린 사람은 정신과 의사나 심리 치료사 등을 찾아가 꼭 상담을 받아야 해요. 심리 치료를 하

우울증 기분이 언짢아 명랑하지 않은 심리 상태. 흔히 고민에 빠지거나 좌절하고, 모든 일에 허무함을 느낀다.

면 왜 우울한지 이유도 알게 되고 우울한 감정도 사라지기 때문이지요. 우울증 치료약을 먹는 것도 큰 도움이 돼요. 즐겁고 슬픈 감정을 스스로 조절하지 못하기 때문에 약으로 어느 정도 회복하게 만드는 것이지요. 꾸준히 치료를 받다 보면 마음이 차츰 회복되어 약이 없어도 헤쳐 나갈 수 있을 만큼 튼튼해진답니다.

잠을 편히 못 잘 때

악몽

우리는 매일 잠을 자면서 새로운 힘을 얻어요. 따라서 몸이 건강하려면 반드시 잠을 자야 하지요. 잠을 자는 순서를 볼까요? 잠을 자려고 누우면 몸이 피곤하다는 것을 뇌가 먼저 느끼고 서서히 긴장을 풀어요. 그다음 근육이 풀리고, 호흡이 편안해지지요. 눈이 감기고, 마침내 생각하는 것조차 잊게 되면 꿈꾸는 단계로 접어들어요.

사람들은 대개 간밤에 무슨 꿈을 꿨는지 기억하지 못해요. 때로는 무서운 꿈을 꾸다가 놀라서 깰 때도 있어요. **악몽**은 온종일 무언가에 대해 겁을 먹었거나 걱정을 하면 꾸게 된답니다. 악몽을 줄이고 싶다면 잠자기 전에 그날 있었던 일을 말해 보세요. 그러면 걱정도 줄고 편한 마음으로 잘 수 있어요. 사람이 자는 동안 꿈을 꾸고 있는지 알아볼 수도 있어요. 기계로 **뇌파**의 흐름을 **측정**하는 거예요. 종이 위에 좌르르 기록되는 뇌파의 흐름을 보면서 잠을 자는 사람이 어떤 상태인지 알 수 있답니다.

몽유병

몽유병에 걸린 사람을 본 적이 있나요? 정신은 잠을 자는데 몸은 깨어 있는 상태를 몽유병이라고 하는데, 몽유병에 걸리면 잠을 자면서도 깨어 있을 때와 같이 행동을 해요. 침대에서 일어나 산책을 하거나 어디든 걸어 다니는 거예요. 하지만 정신은 잠을 자고 있는 상태이기 때문에 위험에 빠질 수 있어요. 왜 몽유병에 걸리는지는 아직 밝

악몽 불길하고 무서운 꿈.
뇌파 뇌의 활동에 의하여 일어나는 전류.

혀지지 않았어요. 몽유병 증세가 드물기도 하고, 또 금세 사라지기 때문이랍니다.

불면증

사람은 하루에 여덟 시간 정도는 충분히 잠을 자야 해요. 만약 더 적게 자면 낮잠으로 보충을 해야 하지요. 사람들이 잠을 자는 시간은 제각기 달라요. 아침 일찍 일어나는 대신 저녁에 일찍 잠들기도 하고, 그 반대인 경우도 있어요. 저마다 습관은 다르지만 누구나 잠을 자야 한다는 건 다 똑같아요.

불면증은 밤에 잠을 잘 못 자는 증세예요. 운동을 거의 하지 않거나 저녁 늦게 무언가를 먹는 습관이 있나요? 그런 습관들 때문에 불면증이 생길 수 있어요. 몸이 쉽게 잠들 수 있는 상태가 아니니까요. 또는 무언가에 두려움을 느끼거나 일이 너무 많아서 몸이 긴장해 있을 때도 쉽게 잠들지 못해요.

불면증이 있을 때는 방 안 온도를 너무 높게 하면 안 돼요. 창문은 열어 두고 이불을 덮었을 때 따뜻함을 느끼는 정도로만 온도를 맞추세요. 신나고 즐거운 생각을 하는 것도 좋아요. 책을 읽어도 좋지만 너무 어려운 책은 피해야 해요. 그래도 잠이 오지 않는다면 반듯하게 누워서 발끝까지 힘을 쭉 빼 보세요. 그 상태로 온몸의 긴장을 풀면서 잠이 올 때까지 기다리는 거예요. 오랫동안 잠들지 못하거나 잠을 설치는 불면증도 병이에요. 처음에는 신경이 매우 날카로워지고, 그런 상태가 지속되면 온종일 무언가에 집중하지 못해요. 그리고 우울증에 걸릴 수도 있지요. 그러니 불면증이 있다면 가볍게 생각하지 말고 얼른 고치는 게 좋아요.

측정 일정한 양을 기준으로 하여 같은 종류의 다른 양의 크기를 재는 것. 기계나 장치를 사용하여 재기도 한다.

코골이와 이갈이

혹시 잘 때마다 코를 골거나 이를 가는 사람을 본 적이 있나요? 코를 골면 사람들은 입을 벌리고 자게 돼요. 이때 목젖이 울리면서 큰 소리가 나지요. 어른들만 코를 고는 건 아니에요. 아이들도 코를 골 수 있어요. 물론 심각한 병은 아니에요. 하지만 **목젖**이나 편도가 **비대**해질 수도 있기 때문에 코골이 습관은 어릴 적에 고쳐 주는 게 좋아요.

잘 때마다 이를 가는 사람들도 있어요. 잠을 자면서도 엄청 긴장하고 있다는 증거지요. 이갈이는 코골이보다 더 좋지 않아요. 잘못하면 이가 상할 수도 있거든요. 이를 가는 사람은 치과에 가서 치아 상태가 괜찮은지 봐야 해요. 치과에서 이갈이 버릇을 막아 주는 보조 도구를 권해 줄 수도 있어요. 보조 도구를 사용하면 적어도 이가 상하지는 않을 테니까요.

목젖 목구멍 안쪽에 위에서부터 아래로 내민 둥그스름한 살.

비대 살이 쪄서 크고 뚱뚱해진 상태.

간단한 응급처치와 안전사고 대처법

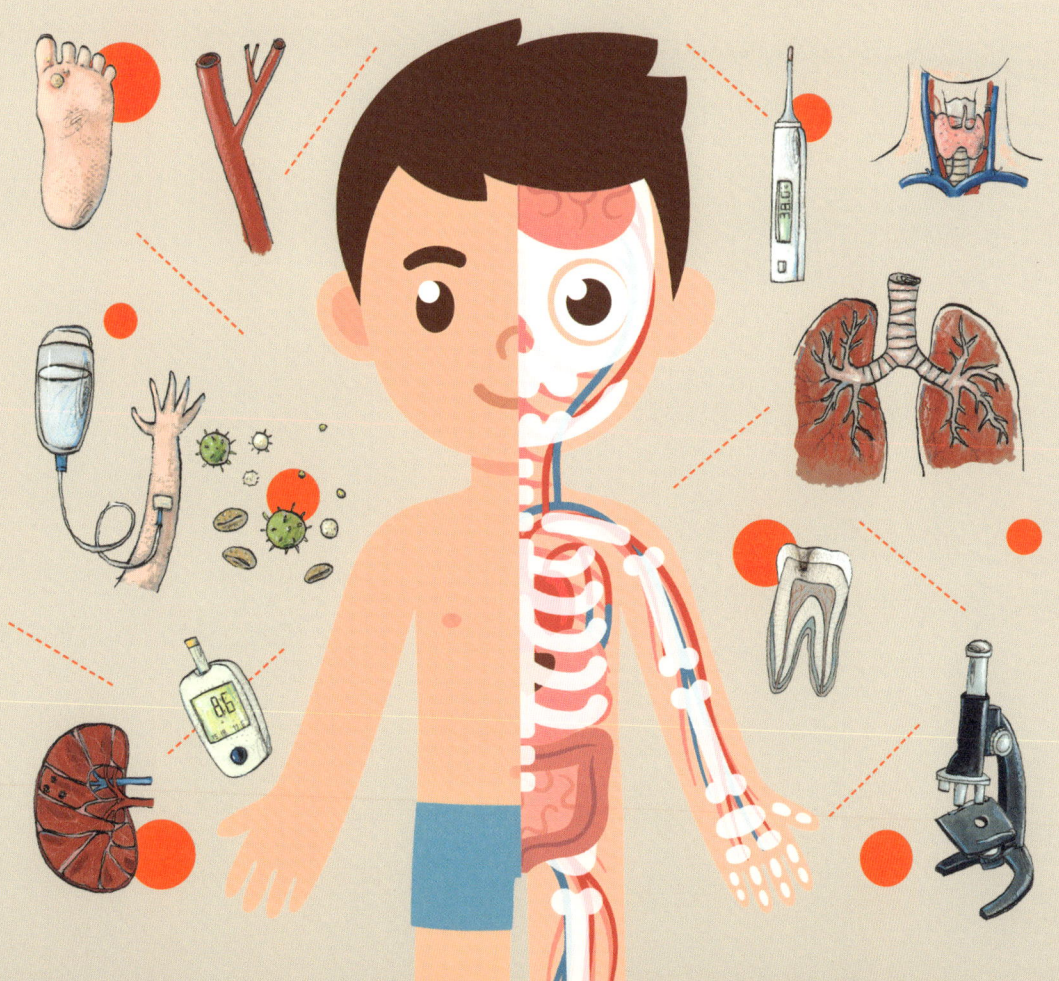

 # 미리미리 준비해요

우리 집 구급상자 안에는 무엇 무엇이 있나 볼까?

- 체온계
- 진통제
- 설사약
- 구강청정제 용액
- 기침약
- 콧속에 넣는 물약
- 화상 방지 크림
- 선크림(SPF 25 이상)
- 모기나 벌레 퇴치약
- 화상 약
- 골절 치료제
- 피부에 바르는 연고
- 머큐로크롬(빨간약)
- 반창고
- 물집에 붙이는 반창고
- 핀셋
- 돋보기

- 붕대
- 거즈
- 붕대용 가위
- 종이와 연필
- 부작용이 나타났을 때 증상을 적어 두었다가 나중에 의사 선생님에게 여쭈어 볼 수 있다.

삐뽀삐뽀, 안전사고 대처 요령

언제 어느 때 사고가 나도 안전하게 대처할 수 있나요? 자전거를 타다 넘어지거나 자동차에 부딪히는 사고 등은 모두 갑작스러운 순간에 일어나요. 이런 상황이 벌어지면 당황해서 땅바닥에 주저앉아만 있지 않나요? 이때는 머릿속이 복잡해지고 어떤 것부터 해야 할지 쉽게 판단이 서지 않지요. 손가락을 다치거나 가벼운 화상을 입었을 때도 마찬가지예요. 크고 작은 사고가 났을 때 무엇부터 해야 하는지 알고 있다면 더 침착하게 대처할 수 있을 거예요.

도움이 필요한 사람을 발견하면 우선 가장 가까이에 있는 어른들에게 알리세요. 아무도 없으면 **'119'로 전화를 걸어 구조를 요청해야 해요.** 번호가 간단해서 외우기 쉽죠? 하지만 너무 당황했을 때에는 이것조차 생각나지 않을지 모르니 공책에 적어 두는 것도 좋아요. 만약 긴급 전화번호가 기억나지 않는다면 경찰에 알려야 하는데, 경찰서나 119에 전화를 걸 때는 다음의 몇 가지 질문에 침착하게 대답해야 해요.

1. 누구십니까? 이름을 말씀해 주십시오.
2. 전화하신 위치가 어디입니까?
3. 무슨 일이 벌어졌습니까?
4. 몇 명이 부상을 당했습니까?

이 질문에만 잘 대답해도 훌륭하게 대처했다고 할 수 있어요. 사람들이 장난전화라고 여기면 안 되니까 모든 질문에는 성실하게 대답해야 해요. 그리고 구급대가 도착하기 전까지 환자를 잘 돌봐주세요. 위급한 환자는 잠깐이라도 눈을 떼서는 안 돼요.

다양한 안전사고 대처법

화상을 입었을 때

화상은 열에 의해 피부 세포가 파괴되는 것을 말해요. 뜨거운 불뿐만 아니라 전기, 화학 물질 때문에도 생길 수 있어요. 특히 뜨거운 그릇이나 촛농 등에 화상을 입으면 흐르는 찬물에 다친 부위를 대고 열기를 식혀야 해요. 그리고 통증이 어느 정도 사라지면 화상 연고를 발라야 한답니다. 하지만 상처가 심하면 병원에 가서 치료를 받아야 해요.

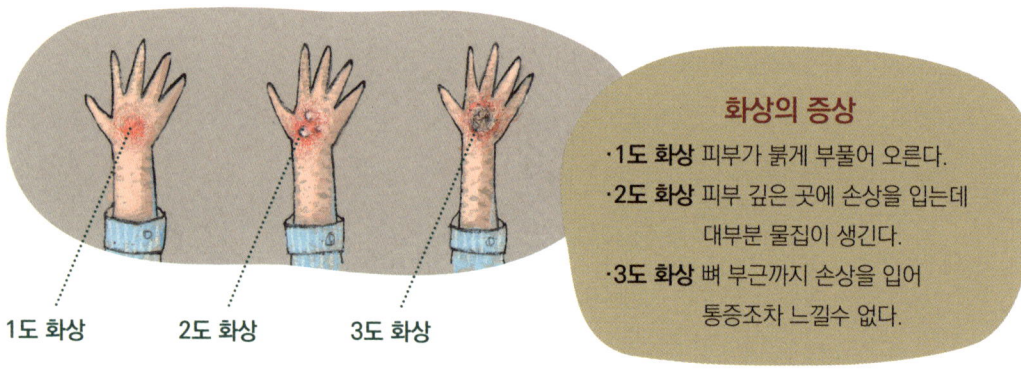

1도 화상   2도 화상   3도 화상

화상의 증상
· **1도 화상** 피부가 붉게 부풀어 오른다.
· **2도 화상** 피부 깊은 곳에 손상을 입는데 대부분 물집이 생긴다.
· **3도 화상** 뼈 부근까지 손상을 입어 통증조차 느낄 수 없다.

딸꾹질을 할 때

가로막이 갑작스레 수축하면 **성대문**이 닫히면서 딸꾹질을 하게 돼요. 딸꾹질은 숨

성대문 양쪽 성대 사이에 있는 좁은 틈. 편안히 호흡을 할 때에는 벌어져서 삼각형이 되고 소리를 낼 때에는 사이가 좁아진다.
위염 위 점막에 생기는 염증성 질환을 통틀어 이르는 말. 급성은 폭음, 폭식, 자극물 섭취, 병원균의 독소, 스트레스 등으로 생기고 만성은 불규칙한 식사, 약물 치료의 부작용, 유전적 요소들로 생긴다.

을 쉴 때마다 멈추지 않고 하는데, 1분에 다섯 번에서 많게는 50번 가까이 해요. 성가시긴 해도 위험하지는 않아요. 가만히 놔두면 저절로 사라지니까요. 딸꾹질은 신경이 예민하거나 스트레스가 쌓였을 때, 갑자기 춥거나 더워졌을 때, 뜨겁거나 차가운 음식을 갑자기 먹었을 때, 음료를 잘못 마셨을 때 주로 하게 돼요. 가끔은 **위염** 같은 병 때문에 하기도 해요. 딸꾹질은 가로막이 편안해지면 저절로 사라지는데 빨리 멈출 수 있는 방법도 있어요. 숨을 깊게 들이쉬고 다른 사람과 눈을 마주친 채로 300까지 세어 보세요. 아니면 허리를 숙이고 물을 한 모금 마셔 보세요. 그러면 딸꾹질이 감쪽같이 사라질 거예요.

귀나 코가 막혔을 때

귀나 코에 **이물질**이 들어가 막힐 때가 있지요? 그럴 때는 곧바로 병원으로 달려가야 해요. 혼자서 빼려고 하면 더 깊이 들어가서 상태가 더 심각해지니까요. **귀이개**나 면봉도 위험해요. 오히려 더 깊숙이 밀려서 들어가게 되거든요. 의사 선생님이 의료 도구를 이용해 빼 주는 게 가장 안전한 방법이랍니다.

눈에 이물질이 들어갔을 때

눈은 아주 예민한 부위예요. 그래서 눈에 이물질이 들어가면 눈을 크게 뜨고 살살 밀어내야 한답니다. 물로 닦아 내는 것도 좋아요. 하지만 절대로 눈을 비벼서는 안 돼요. 눈동자의 가장 겉면인 각막이 다칠 수 있거든요. 눈에 아주 작은 먼지가 들어가서 어쩔 수 없이 비벼야 할 때는 손가락을 이용해 바깥에서 안쪽으로 조심조심 비벼

이물질 정상적이 아닌 다른 물질.
귀이개 귀지를 파내는 기구. 나무나 쇠붙이로 숟가락 모양으로 가늘고 작게 만든다.

줘야 해요.

손을 찧었을 때

문틈에 손을 찧으면 그 고통이 피부에 연결된 신경을 통해 뇌로 전해져요. 피부에는 아주 많은 신경이 있기 때문에 다쳤을 때 고통을 느끼고 뇌로 재빠르게 신호를 보내지요. 다친 부위에 있는 실핏줄들이 터져서 퍼렇게 멍이 들 때도 있어요. 피가 피부 아래에 고여 있는 상태랍니다. 파란 멍은 시간이 지나면 서서히 사라져요. 가벼운 타박상은 시간이 지나면 저절로 낫지만, 너무 심하게 아프면 **진통제**를 먹어야 해요.

살이 파였을 때

살이 찢어지거나 파이면 상처 부위로 작은 모래 알갱이나 개털, 먼지 같은 더러운 것들이 들어갈 수 있어요. 상처는 즉시 소독하고 약을 발라야 해요. 그리고 상처가 심하면 병원에 가서 파상풍 주사를 맞아야 한답니다.

잘못 삼켰을 때

음식을 먹거나 마시다가, 또는 다른 것들이 잘못해서 기도로 넘어가면 곧바로 재채기를 하게 돼요. 기도에 들어온 이물질을 재채기로 밀어내는 거예요. 다른 사람이 무언가를 잘못 집어삼킨 경우에는 곧바로 어깨를 누르고 등을 세게 쳐 주세요. 그렇게 해서 삼킨 것을 토하면 환자를 병원으로 데리고 가야 해요. 기도나 기관지, 식도 등이 다치지 않았는지 진찰을 받아야 하니까요.

진통제 중추 신경에 작용하여 환부의 통증을 느끼지 못하게 하는 약. 마약성 진통제와 해열성 진통제로 나뉜다.

간단히 빼낼 수 없는 위험한 것을 삼켰을 때는 얼마나 위급한지 판단하고, 재빨리 '119'에 연락을 해야 해요. 구급차를 타고 빨리 병원으로 가야 하기 때문이죠.

칼에 베었을 때

손가락이 칼에 베이면 저도 모르게 상처에 입을 대고 빨지요? 침이 상처 부위에 있는 세균을 제거하는 데 도움이 되기 때문이에요. 베인 상처는 소독을 하고 연고를 발라 주어야 해요. 그리고 상처가 큰 경우에는 병원에 가서 치료하고 혈관에 독이 들어가지 않았는지 살펴보아야 해요.

독에 중독되었을 때

만약 독이 있는 위험한 물질을 먹거나 마셨으면 그게 뭔지, 얼마나 먹었는지 아는 게 가장 중요해요. 예를 들어 그것이 세제인지, 약인지, 독이 든 식물인지 말이에요. 그리고 즉시 병원이나 '119'에 신고해야 해요. 신고를 하면 어떤 상황이든지 다음과 같은 질문들을 받을 거예요.

1. 먹거나 마신 게 무엇입니까?
2. 먹거나 마신 양이 어느 정도입니까?
3. 환자가 몇 살입니까?
4. 환자의 몸무게는 어느 정도입니까?

독극물 약사법으로 규정된 독물과 극물을 아울러 이르는 말. 보건 위생에서의 위험과 해를 막기 위하여 규정한 비의약품으로, 독성이 강한 사이안화 나트륨·황산 등이 있다.

독극물을 먹었을 때의 응급 처치 방법은 무엇을 먹고 마셨는지에 따라 달라요. 또 몸이 그것을 얼마나 흡수했느냐에 따라서도 달라요. 나이와 몸무게에 따라서도 다르지요. 대개는 즉시 병원에 가는 게 좋아요. 위를 비우고 세척해서 독성 물질을 빼내는 게 가장 급하고 치료를 할 수 있는 유일한 방법이니까요.

독이 있는 음식을 먹으면 속을 진정시키는 약이나 음식을 먹어야 해요. **유통기간**이 지난 음식을 먹을 때도 있지요? 유통기간이 지난 음식에는 곰팡이가 번식을 해서 독이 퍼질 수 있다는 걸 명심하세요. **살모넬라균**에 대해 들어 본 적이 있나요? 살모넬라균은 식중독을 일으키는 세균이에요. 감염되면 열, 설사뿐만 아니라 온몸이 아플 수 있는 무서운 박테리아랍니다.

위험한 물질을 먹거나 마시면 우리는 금방이라도 토할 것처럼 구역질을 해요. 이때 위가 평소와 달리 아파 오고, 설사 증세도 있지요. 몸에 이상이 있거나 이상한 것을 먹었을 때는 곧바로 의사에게 달려가서 진찰받는 것이 가장 좋아요.

유통기간 상품이 유통 과정을 거치는 기간.
살모넬라균 병원성 세균. 열에 취약해 65도 이상에서 가열하여 감염을 피할 수 있지만 조리 과정에서 오염에 의해 문제가 될 수도 있다.

한눈에 보는 우리의 몸

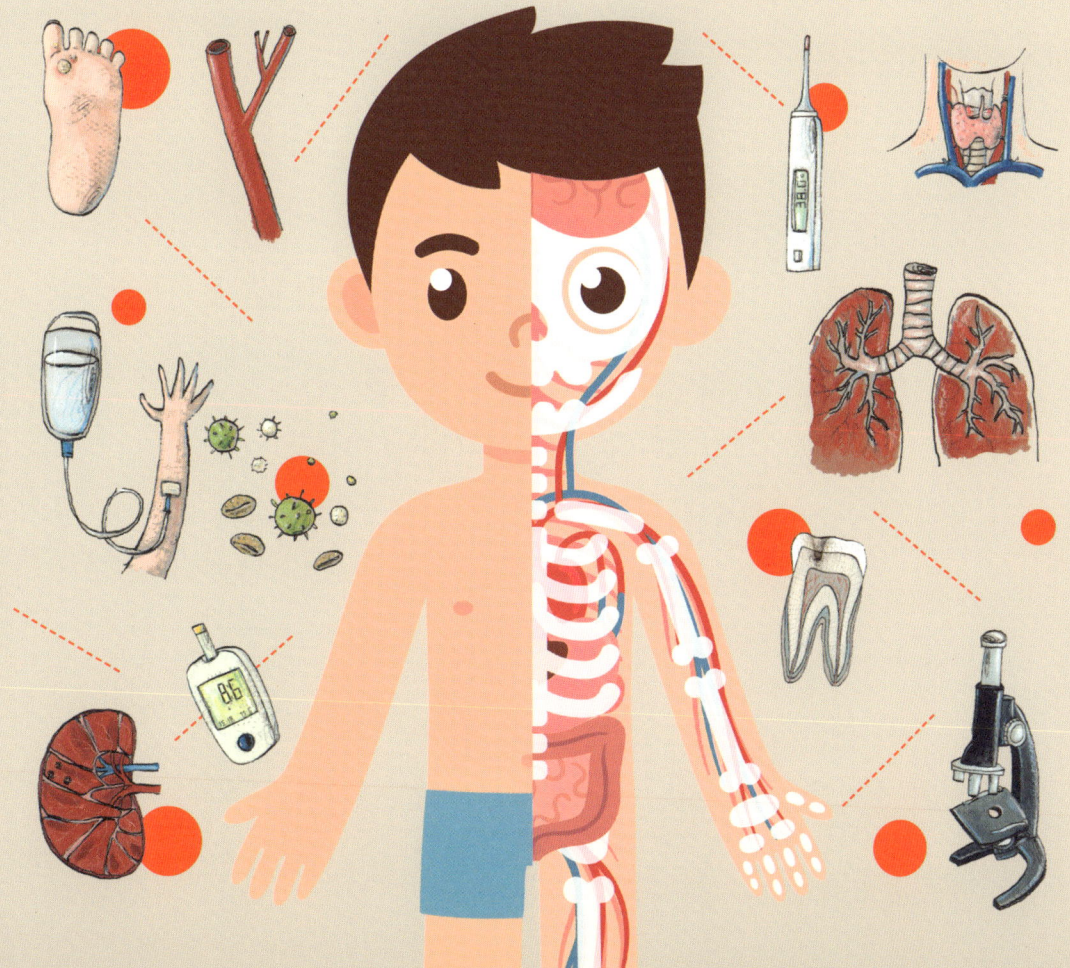

우리 몸의 기관

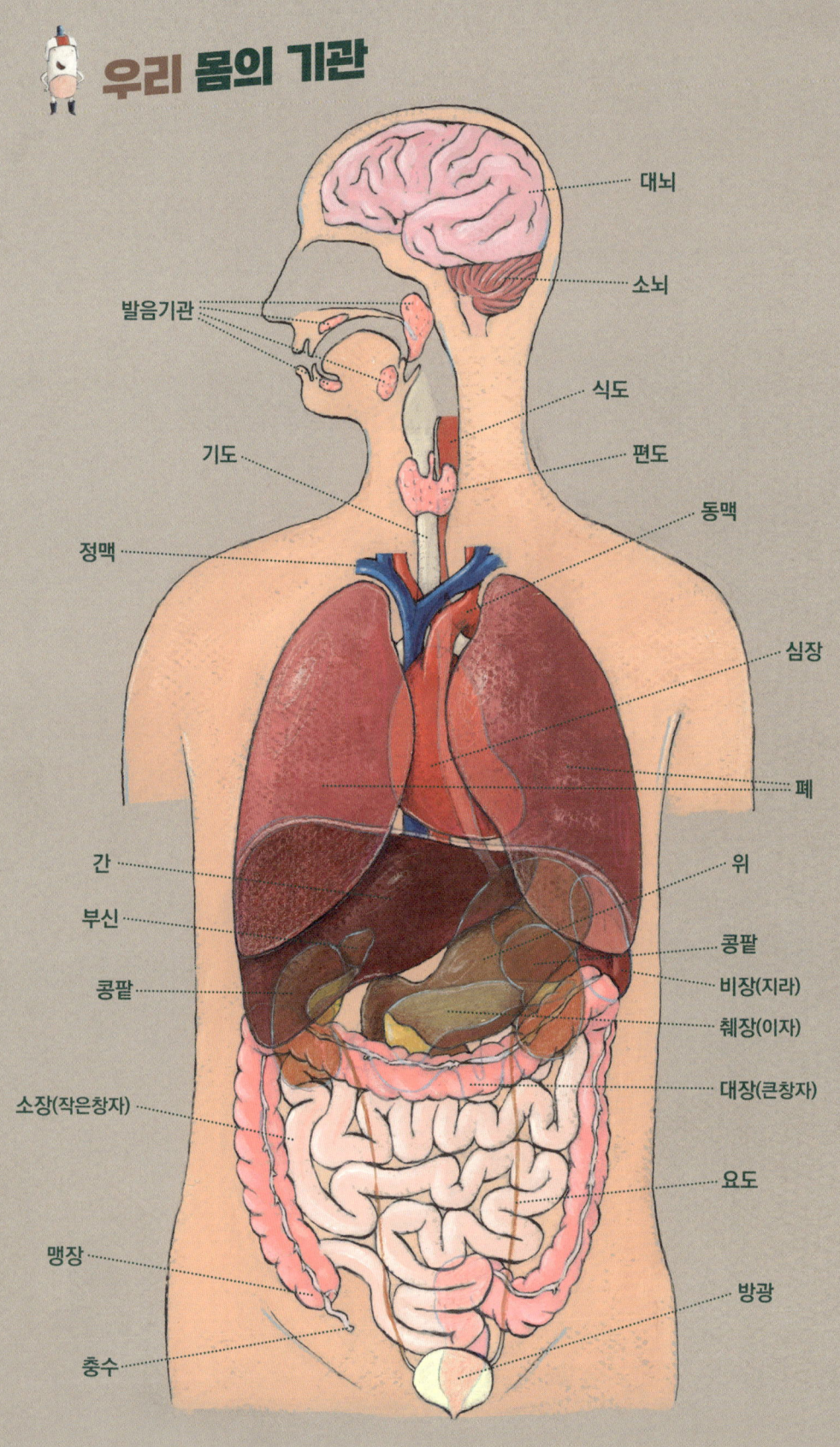

우리 몸의 뼈

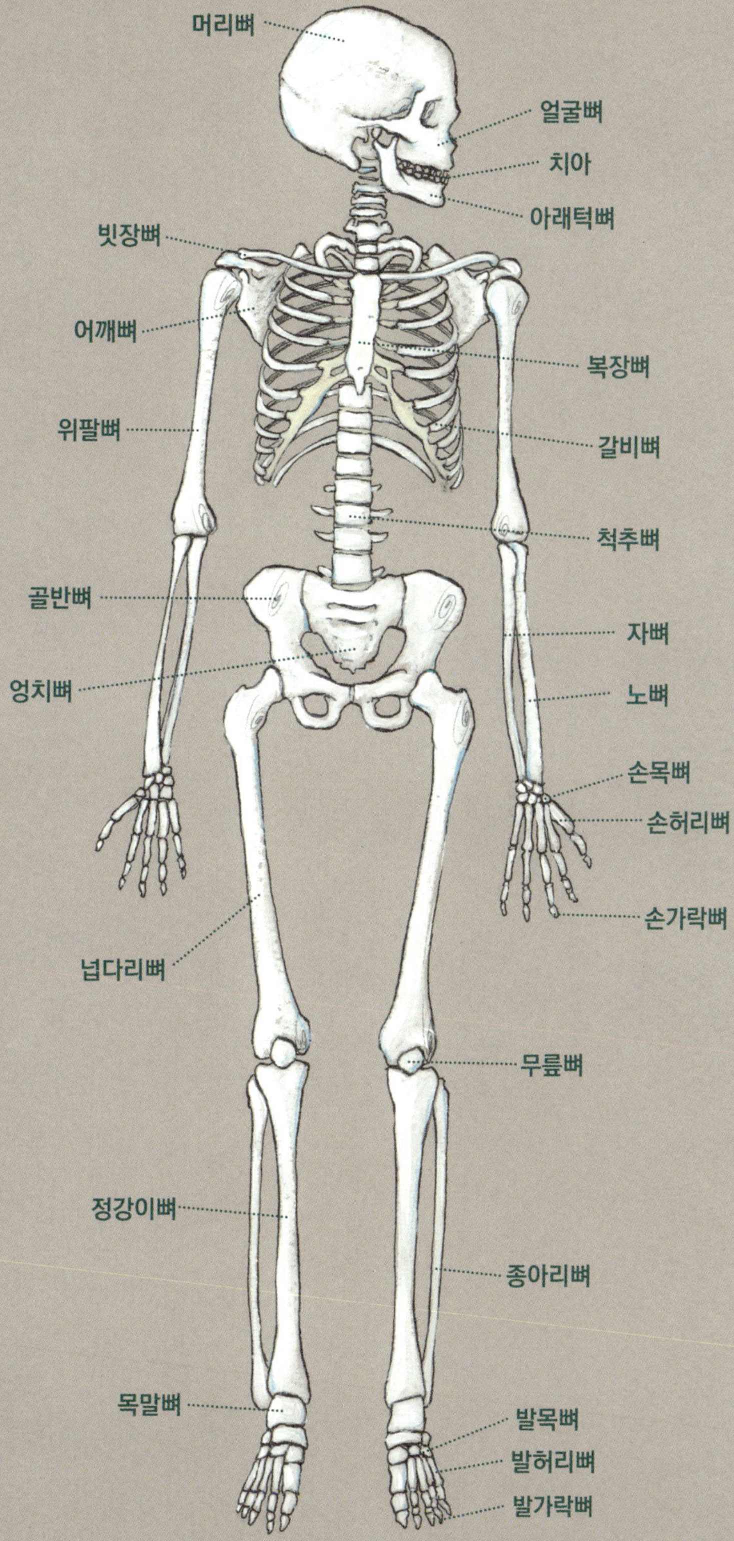

- 머리뼈
- 얼굴뼈
- 치아
- 아래턱뼈
- 빗장뼈
- 어깨뼈
- 복장뼈
- 위팔뼈
- 갈비뼈
- 척추뼈
- 골반뼈
- 자뼈
- 엉치뼈
- 노뼈
- 손목뼈
- 손허리뼈
- 손가락뼈
- 넙다리뼈
- 무릎뼈
- 정강이뼈
- 종아리뼈
- 목말뼈
- 발목뼈
- 발허리뼈
- 발가락뼈

몸속 그림을 그려 봐요

우리의 몸속은 어떤 모양일까요?
여러분의 몸속이 어떻게 생겼는지
이곳에 그림을 그려 보세요